U0502500

绿电未来

中国售电侧改革的绿色经济效应

李强 著

中国科学技术出版社

·北 京·

图书在版编目（CIP）数据

绿电未来：中国售电侧改革的绿色经济效应 / 李强
著 . -- 北京 : 中国科学技术出版社 , 2024. 10.
ISBN 978-7-5236-1109-8
Ⅰ . F426.61
中国国家版本馆 CIP 数据核字第 2024B34Y44 号

策划编辑	李清云	责任编辑	褚福祎
封面设计	创研设	版式设计	蚂蚁设计
责任校对	焦　宁	责任印制	李晓霖

出　　版	中国科学技术出版社
发　　行	中国科学技术出版社有限公司
地　　址	北京市海淀区中关村南大街 16 号
邮　　编	100081
发行电话	010-62173865
传　　真	010-62173081
网　　址	http://www.cspbooks.com.cn

开　　本	880mm×1230mm 1/32
字　　数	200 千字
印　　张	9
版　　次	2024 年 10 月第 1 版
印　　次	2024 年 10 月第 1 次印刷
印　　刷	北京盛通印刷股份有限公司
书　　号	ISBN 978-7-5236-1109-8/F・1322
定　　价	69.00 元

（凡购买本社图书，如有缺页、倒页、脱页者，本社销售中心负责调换）

序

电力市场化背景下售电改革的绿色使命

　　党的二十大报告指出，"推动经济社会发展绿色化、低碳化是实现高质量发展的关键环节"。在新时代推动中国现代化建设，实现中国经济高质量发展，加快发展方式绿色转型是必然要求。自中国在第七十五届联合国大会中提出"双碳"目标以来，2021年中央相继出台《关于完整准确全面贯彻新发展理念做好碳达峰碳中和工作的意见》《关于印发 2030 年前碳达峰行动方案的通知》等系列政策，明确将能源绿色低碳转型作为碳减排重要路径，并提出完善绿色电价政策等具体措施。

　　电力是现代社会能源终端载体，电力领域的改革政策实施成效是能源低碳转型中最为关键的决定性因素。2024 年，国家发展和改革委员会陆续发布《供电营业规则》（2024 年 6 月 1 日起施行）、《电力市场监管办法》（2024 年 6 月 1 日起施行）、《电力市场运行基本规则》(2024 年 7 月 1 日起施行)、《电力现货市场基本规则(试行)》、《电力中长期交易基本规则——绿色电力交易专章》,进一步完善电力工业制度顶层设计和电力交易市场具体规则,可见电力行业在国家战略布局及能源转型中的重要地位。

售电侧改革的绿色目标

售电侧市场化改革作为当前中国电力体制改革中的"最后一环",核心是通过赋予用户选择权,形成售电市场有效竞争,提高能源利用效率和清洁能源消纳水平,推动区域经济社会发展绿色化、低碳化。随着中国电力体制改革的不断深化,发电侧改革和输配电价改革卓有成效,电力行业体制机制进一步完善,但市场化电价仍未传导至电力用户这"最后一公里"。当前,一方面,中国电力生产中可再生能源电力比例虽然逐年提高,但火力发电仍然占据不可动摇的主导地位,引发一系列严重的环境污染问题。另一方面,中国电力体制改革对节能降碳后继乏力,经过主辅分离、厂网分离,仍未能完成"管住中间,放开两端"的改革架构,亟须通过售电侧改革实现"网售分离",真正施展电力交易市场化的"魔法",通过电力销售终端对发电端、生产侧的技术革新倒逼机制,实现电源结构由化石能源向非化石能源转变,电力生产由低能源利用效率向高能源利用效率转变,电力管理向发电侧、输配电侧强有力监管与需求侧综合性服务相结合转变。以 2015 年国家发展和改革委员会发布的《关于推进售电侧改革的实施意见》为指导，中国售电侧市场化改革正式展开，全国陆续批准31个改革试点，以期通过打破售电市场准入壁垒，构建多元开放、清洁高效售电市场，变更销售电价定价原则，拓展售电侧市场交易模式，助力区域绿色经济发展。

售电大市场的问题与挑战

2015年售电侧市场一经放开，社会资本就涌入这个万亿级别的大市场中，到2016年就有3000余家售电公司经过工商注册，至2018年售电公司总体规模达到1万家，为售电改革注入了新的活力。但是，由于改革初期各方面制度仍不完善，售电市场热度于2018年登顶后锐减。2021年国家发展和改革委员会发布《售电公司管理办法》，进一步规范售电公司运营，更迎来售电公司大批量倒逼清退的高潮，2021年至2022年间，近6000家售电公司退出市场。以上种种反映了售电侧市场化改革初期存在售电公司赢利模式单一（沿袭电网公司吃价差的赢利模式）、售电新型垄断、区域交易市场壁垒严重、电力立法滞后等问题，导致售电改革是否能够达成绿色目标仍具有较大不确定性。

电力市场分割与统一大市场趋势

随着电力中长期市场交易制度逐步完善，省间现货交易市场试点工作初显成效，众多资源实现了在更大空间尺度上的优化配置，这意味着售电侧市场化改革与区域绿色经济发展的关联机制能够在空间视域下进一步拓展。尽管当下全国各省份间仍然存在较为严重的电力市场分割，但无论从市场发展的驱动还是宏观决策的要求上来说，建立全国统一的电力大市场都是大势所趋。2022年，国家发展和改革委员会、国家能源局发布《关于加快建设全国统一电力市场体系的指导意见》，提出通过加快建设全国统一电力市场体系，实现电力资源在更大范围内共享互济和优化配置。党的二十届三中全会审议通过《中共中央关于进一步全面深化改革、推进中国式现代化的决定》提出，要"深化能源管理体制改革，建设全国统一电力市场"。这将有助于实现电力资源在更大范围内的优化配置，指导解决各地在实际执行中存在的规则不统一、地方保护、省间壁垒等问题，尤其是将推动形成具有更强新能源消纳能力的新型电力系统。在此背景下，售电侧市场化改革将如何影响区域绿色经济发展，以及售电侧市场化改革如何影响空间关联区域绿色经济发展，是否具有潜在时空异质性值得深入探讨。

售电改革绿色效应：墙内开花墙外香

在电力市场化背景下，本书从2015年售电侧市场化改革展开，构建售电侧市场化改革绿色经济效应研究的理论框架，在制度梳理和理论探析的基础上，以各试点地区绿色全要素生产率为被解释变量，采用2009—2020年30个售电侧市场化改革试点

（不含西藏自治区）省级面板数据，通过构建多时点 DID[①] 模型和空间 DID 模型，对售电侧市场化改革对区域绿色全要素生产率的影响及其作用机制进行实证考量。从本地绿色效应和空间溢出效应两个视角考量售电侧改革绿色目标的达成，这不仅有助于拓展相关理论的应用边界，而且能够为中国售电侧市场化改革的进一步深化，现阶段电力市场化改革体制缺陷的弥补，售电侧市场化改革顶层设计的优化提供科学参考和决策支持。

经过一系列科学实证检验，本书发现中国售电侧市场化改革阻碍了区域绿色经济发展进程，但对空间关联省份的绿色经济发展具有显著正向溢出影响，可谓"墙内开花墙外香"。一方面，这是由于售电侧改革初期售电公司赢利模式单一、监管机制不完善等原因阻碍了本地区科技进步和资源配置。另一方面，则是与当下逐步统一放开的电力大市场密切相关。所谓"空间溢出"是因为有省间壁垒才存在，但既然有正向溢出效果，也说明了省间电能交易与电力资源调度得到了进一步推动。同时，这种正向溢出影响充分验证了积极构建全国统一的电力大市场的正确性和重要性。

绿电未来：法治引领制度优化

绿色转型是国家能源发展的未来，而电力作为现代社会能源

---

① DID 模型即双重分析模型（different in differences model）。——编者注

终端载体，电力改革，尤其是售电侧改革成为完成该绿色使命的关键抓手。虽然目前而言，售电侧市场化改革表现出诸多问题，但电力市场化改革的方向不会变，售电侧市场化改革还将进一步深入，这就需要我们不断提出新的监管机制和有效举措，为售电侧市场化改革完成其绿色使命赋能。本书基于现阶段售电侧改革存在的制度困境，提出以法治引领打破售电新型垄断格局、以需求侧响应推动售电有序竞争、以增量配电网发展带动绿电消纳、以电力一体化建设优化省间电能调度四点政策建议。我们坚信，在法治引领的制度约束下，售电行业将迎来持续向好发展前景，现代社会必将走向绿色未来。

CONTENTS

目 录

第1章

问题聚焦:
何为售电侧改革之绿色效应

售电侧改革是相对于发电侧改革和输配电侧改革而言的，自2002年我国实行电改"厂网分离""纵向分离"以来，售电侧改革成为电力市场化改革的"最后一环"，即通过放开售电市场，培育多元售电主体，实现"网售分离"，为电力体制改革实现绿色使命赋能。售电侧市场化改革自2015年国家发展和改革委员会"9号文"发布后正式启动，把市场价格信号传递到用户端，能够加快电力市场化交易进程、提高绿电交易规模、助力区域绿色发展。

第1节 改革溯源：中国售电侧改革的背景

一、绿色转型：售电侧改革的历史使命

电力作为现代社会能源终端载体，电力体制改革无疑是实现能源绿色低碳转型和经济社会发展绿色化的重中之重。党的二十大报告指出，"推动经济社会发展绿色化、低碳化是实现高质量发展的关键环节"。在新时代推动中国现代化建设，实现中国经济高质量发展，加快发展方式绿色转型是必然要求。2020年9月，中国在第七十五届联合国大会中提出中国"双碳"目标，即"碳达峰""碳中和"具体实现时间的"3060"计划，以期推动中国生态文明建设与高质量发展。"双碳"目标下，《关于完整准确全面贯彻新发展理念做好碳达峰碳中和工作的意见》《关于印发2030年前碳达峰行动方案的通知》等系列政策于2021年陆续出台，进一步提出，到2030年中国"重点耗能行业能源利用效率达到国际先进水平""单位国内生产总值能耗大幅下降""非化石能源消费比重达到25%左右，风电、太阳能发电总装机容量达到12亿千瓦以上"等建设目标，并将能源绿色低碳转型作为碳减

排重要路径。作为现代社会能源终端载体，电力领域的改革政策实施成效是能源低碳转型中最为关键的决定性因素。在此背景下，通过促进可再生能源消费、能源体制机制改革、新型电力系统建设等，中国电力能源生产、输送、消费模式正面临根本性变革。

随着中国电力体制改革的不断深化，发电侧改革和输配电价改革卓有成效，电力行业体制机制进一步完善，但仍存在电力产能过剩、电能配置效率低、引发环境污染严重等问题。充足、安全且稳定的电力供应是支撑国民经济发展的基础。然而，作为关系国计民生的重要基础产业与公用事业，中国电力行业生产过于依赖化石能源，并在过度开发使用不可再生能源的过程中，大量排放温室气体以及二氧化硫、氮氧化物、烟（粉）尘等有害物质，引发环境污染问题，严重损害经济发展质量。据《中国能源统计年鉴》数据，2009—2020 年中国电力行业能源消费量逐年提升，且能源消费量占比维持在 6% 左右，电力工业依旧是中国能源消费主要行业（见图 1.1）。同时数据显示，在此期间，随全国发电总量提升，火电生产占比呈现下降趋势，但火力发电仍是中国电力能源主要生产方式，清洁发电水平不足（见图 1.2）。除直接引发严重环境污染问题外，当前中国省际电力能源配置效率低下，具有较大节电降耗空间，加之各区域间电力产销差异逐渐扩大，使得协调区域间电力资源调度也已成为政府优化能源结构、提升电能利用效率的重点工作。事实上，电力能源具有即时消费特征，无法实现大规模且长期有效经济存储，须保持实时供需平衡。

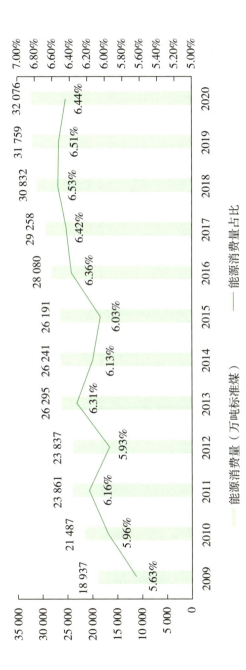

图 1.1　2009—2020 年中国电力行业能源消费量

数据来源：《中国能源统计年鉴》。

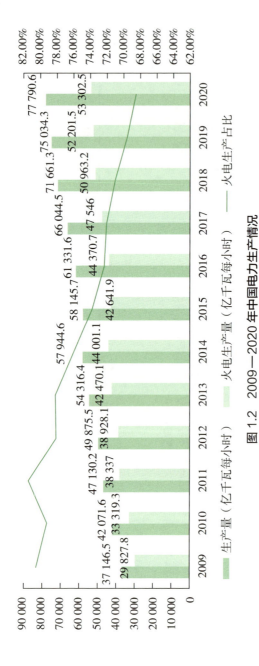

图1.2 2009—2020 年中国电力生产情况

数据来源：《中国能源统计年鉴》。

因此，推行售电侧市场化改革，构建电力行业竞争市场，增强电力需求侧响应能力，成为提高电力能源需求弹性，充分发挥电能价格信号机制，引导电力行业绿色、高效发展的必要手段。尽管"电改5号方案"指导下，中国电力体制改革逐步推进，发电侧"厂网分离""竞价上网"的建设成效显著，输配电侧定价机制进一步明确，但售电侧仍保留垄断体制。不仅部分电网企业垄断购售电业务，而且地方政府干预下区域内，违规购售电市场交易频发，损害了部分电力企业的经营效率，加重其经营负担，更使得电力价格严重偏离市场供需关系，扭曲了电力行业的市场效率。而售电侧作为最贴近电力用户的业务端，其市场效率不仅直接影响用户的电能使用，更成为决定各层级电力体制改革红利能否惠及全社会的关键。综上所述，政府有必要在售电侧引入竞争机制，发挥市场配置资源的决定性作用。

售电侧市场化改革作为当前中国电力体制改革中的"最后一环"，核心是通过赋予用户选择权，形成售电市场有效竞争，提高能源利用效率和清洁能源消纳水平，推动区域经济社会发展绿色化、低碳化。基于"管住中间、放开两端"的电力体制改革架构，为提升电力行业供需响应效率，缓和火电行业产能过剩局势，提高清洁能源消纳水平，引导电力技术应用与运行模式创新，有效解决电力生产与环境污染的矛盾问题，售电侧市场化改革于2015年在全国逐步拉开序幕。以《关于推进售电侧改革的实施意见》为指导（下称《意见》），售电侧市场化改革主要从打破售电市场准入壁垒，构建多元开放、清洁高效售电市场，变更销售电价定价原则，拓展售电侧市场交易模式方面展开。首先，改革注重培育清洁经营主体，积极引导其参与售电侧市场竞争。其次，改革进一步明确了售电侧市场交易模式及交易用户，并重新设计售电侧市场交易定价模式。再次，以《意见》为指导，多项政策推行下，售电侧市场交易形式逐步拓展，并建立"中长期交易为主、现货交易为辅、绿电优先"的市场建设原则。最后，通过不断完善跨省跨区电力资源交易机制，推动全国电力统一大市场的构建。与此同时，在确立中长期电力市场交易基本规则过程中，约束了地方政府的不当干预行为，预期借助中长期与现货市场实现电力能源的优化配置。

基于上述售电侧改革的政策内容，售电侧市场化改革理论上能够通过以下途径达成其绿色发展目标。首先，改革可能通过激励社会资本达到"清洁门槛"投资售电业务，以获得售电侧市场准入资格，参与电力购售交易，形成能够反映环境资源成本与能源供需形势的市场化电价机制，倒逼生产侧技术革新。其次，通过放开配电网运营权主体的售电资格，售电侧市场化改革也可能有助于实现分布式电力能源的优化配置，减少电力现货市场整体复杂性，并提升电力现货市场的安全性与效率，最终优化区域资源配置。而围绕基本原则"鼓励改革创新"，通过鼓励售电公司发展智能综合能源服务，则有助于引导电力行业借助发展增值服务与其他新兴行业形成良性互动，激励需求侧加速响应，形成合理节电、科学用电的社会风气，并强化售电侧市场竞争性，助力区域绿色经济发展。

二、绿电未来：售电侧改革"绿色属性"存疑

由于售电侧市场化改革目前存在售电新型垄断、电力立法滞后、区域交易市场壁垒严重、售电公司赢利模式单一等问题，其是否具有上述潜在"绿色属性"仍具有较大不确定性。首先，改革后市场交易模式下，不仅电网企业可能凭借代理购售电资格挤占售电主体的利润空间，拥有配电网经营权的售电公司也可能依托配电网实现对电厂和用户的自然垄断，损害售电侧市场竞争公平性，阻碍区域绿色经济发展。其次，电力行业从中央到地方普遍存在严重的立法滞后性，导致售电改革本就缺乏有效规范依据；另外售电侧改革初期，各地售电市场和交易仍在探索阶段，各地市场交易规则不规范、不统一，未能形成良好的售电营商环境。再次，改革对难度大、风险高的增量配网业务投资激励作用不足，难以发挥资源优化配置作用，削弱售电侧市场化改革的绿色经济效应。最后，因增值业务市场发育不足，加之较高的偏差考核风险，改革初期售电公司难以为继，仍可能赚取差价实现赢利，致使无序竞争，不仅挤占清洁发电企业的赢利空间，逼迫其退出本地市场，还可能促使其带动清洁电能用户、优质金融资本、清洁生产技术及专业人才的外流，引发产业结构固化效应。

更值得关注的是，售电侧市场化改革背景下，电力中长期市场交易制度逐步完善、电力现货市场建设持续推进，省间现货交易市场试点工作初显成效，众多资源实现了在更大空间尺度上的优化配置，这意味着售电侧市场化改革与区域绿色经济发展的关

联机制能够在空间视域下进一步拓展。具体而言，不仅跨省跨区电能交易模式的完善将直接推动区域间电力资源优化配置，其还或将通过"要素流通机制""产业升级机制"以及"政策学习机制"，对空间关联区域绿色经济发展产生正向溢出影响。因此，值得思考的是，售电侧市场化改革将如何影响区域绿色经济发展。进一步的，售电侧市场化改革影响空间关联区域绿色经济发展的内在机制是否具有潜在时空异质性。

因此，本书针对 2015 年中国实施的售电侧市场化改革，通过理论分析和实证研究探析其对本地区及空间关联区域绿色经济发展的影响，在对售电侧市场化改革绿色经济效应的政策评估实证研究的基础上，准确解析售电侧市场化改革绿色经济效应的内在机制。

第 2 节　价值侧重：中国售电侧改革绿色效应研究作用

一、理论价值

本书在自然垄断行业政府规制理论研究及售电侧市场化改革对绿色经济发展的作用路径解析方面具有理论意义。

首先，本书在资源配置理论、政府管制理论、新规制经济理论以及绿色经济增长理论的指引下，构建售电侧市场化改革对区域绿色经济发展的本地效应和空间效应研究框架，科学分析售电侧市场化改革的"绿色属性"，从空间视角上拓展了资源配置理论的应用边界，为政府对自然垄断行业的行政管制和经济规制提供了新的空间视域。

其次，考虑使用 DID 模型进行估计需满足 SUTVA 假设，本书引入空间计量分析范式，考察中国售电侧市场化改革绿色经济效应的空间溢出效果，并检验未考虑空间溢出效应时 SUTVA 假设不满足对估计结果的潜在干扰，增强了售电侧市场化改革相关研究的评估科学性。

最后，通过解析售电侧市场化改革影响区域绿色经济发展的传导路径，不仅直接打开了售电侧市场化改革与区域经济发展间关系的"黑箱"，还能够从空间视角揭示售电侧市场化改革影响区域绿色经济发展的内在机制，进一步理解区域间电力供销差异与绿色经济发展的潜在协同演变关系。

二、现实价值

本书对继续深化中国售电侧市场化改革，优化改革顶层设计与优化电力营商环境方面具有现实意义。

充分发挥电能价格信号机制，构建电力行业竞争市场，是引导电力行业绿色、高效发展，解决电力行业发展与环境污染矛盾问题的关键。因此，本书立足于 2015 年售电侧市场化改革开展实证研究，并期望在现实层面为售电侧市场化体制改革提供决策支持。

首先，通过定量检验售电侧市场化改革与区域绿色经济发展的因果关系，能够为政府弥补现阶段电力市场化改革体制缺陷，优化售电侧市场化改革顶层设计提供经验证据。

其次，通过定量检验售电侧市场化改革影响区域绿色经济的潜在空间溢出效应，有助于地方政府顺应售电侧市场化改革趋势，推行政策积极引导电力企业参与省间电力交易，优化区域资源配置效率，进一步强化售电侧市场化改革对电力安全生产、能源利用效率与清洁能源消纳的提升效果。

最后，通过地方电力立法水平、金融发展水平、产权保护力度、地方政府财政实力水平、信息基建水平、市场化水平等相关异质性分析，可能为各地地方政府继续优化电力营商环境，提高本地区核心竞争力提供科学依据。

第 3 节　全局视野：国内外售电侧改革环视

为深入挖掘售电侧市场化改革对区域绿色经济发展的影响效果及内在机制，将国内外已有相关文献划分为如下几个分支：①售电侧市场化改革方向与政府监管相关研究；②售电侧市场化改革政策效果评估研究；③售电侧市场化改革后电力市场主体经营决策分析研究；④区域绿色经济发展的影响因素研究。对国内外已有相关文献进行前期梳理，能够指引本书的研究设计工作，并为本书理论框架构建提供可参考依据。

一、售电侧改革方向与政府监管

全世界范围内进行电力市场化改革的国家不在少数，诸多学者在分析不同区域售电侧市场化改革的过程中，对其改革动机与改革路径进行归纳总结，对于电力市场化改革方向以及在改革中政府监管的作用进行了丰富的探讨，并在此基础上对中国售电侧市场化体制改革提出政策建议。

有部分学者认为电力市场化改革并不能实现效率的提高，未能实现电力竞争性的提升，反而在电力行业实行垄断体制更有效率。研究表明，电力零售市场引入竞争机制后，若电力消费者无法实时对电价作出反应，即需求侧响应机制不及时，那么零售竞争的引入也将是无效的，售电侧市场化改革将并不显著提升电力市场竞争性。另有学者分析了2007—2014年德国电力市场中成本变化对零售关税的传递，发现电力竞争力的提升有赖于需求侧响应，如果客户转换意愿较低，竞争力很难得以提升。还有学者分析了非电力价格因素对新西兰电力零售用户转换电力零售商的影响，包括通话等待时间、固定费率合同的长度、可再生能源、忠诚奖励、供应商所有权和供应商类型。结果表明，非价格因素是重要决定因素，仅凭价格竞争并不能改变消费者的用户习惯。其他学者则从电力行业本身属性出发，构建古诺模型研究日本电力销售市场，发现由于电力行业本身具有自然垄断属性，无法形成完全竞争市场，寡头垄断中供应商共谋行为将导致效率的降低。

与上述观点相反，有一部分学者认为应当在售电侧引入竞争，放松管制能够降低电价，提高服务水平。国外研究包括：用美国得克萨斯州进行案例分析，对售电侧改革进行系统研究，运用可竞争理论论证了电力市场改革需要在售电环节引入竞争和引导需求响应。通过研究新西兰电力行业纵向分离后，认为电力纵向拆分引入竞争有利于降低成本，提升服务质量；通过分析新加坡放开电力零售市场改革效果，认为放松管制，构建竞争性售电市场有助于赋予用户选择权和降低电价。国内研究有：分析中国2002年电力行业纵向拆分改革对电力部门效率的影响，得出电力行业引入竞争有利于提升生产部门的生产率，降低生产成本的结论，并提出应当进一步引入竞争；通过实证检验方法研究中国2003年以来电力市场化改革对发电效率的影响，提出为进一步提高电力行业发电效率应当扩大竞争，建立激励机制。

另外，还有很大一部分学者认为在电力领域一味地放松管制是不可行的，主张把有效竞争和市场监管结合起来，重点关注售电侧市场化改革市场监管体系与监控机制，借鉴各国电力市场监管实践，对中国售电侧市场化改革监管体制设计提出建议。国外研究有：通过对美国电力市场及其监管体系进行分析，指出电力市场监管的内容包括对电力批发、输配电公司以及电力零售市场的监管，特别地对于零售市场的监管应当包括市场准入退出审查、市场规则制定以及市场交易行为监管等；通过进一步梳理美国市场监管体系内部构成，分析了各机构监管权限，并结合电力市场监控及其必要性对美国电力市场监控机构设置、职能与内容进行分析，并在此基础上对中国售电侧市场化改革监管体系设计提出建议；以日本售电侧市场放开为研究内容，在梳理日本售电侧市场化改革背景的基础上，对日本售电侧市场化改革历程进行归纳梳理，并凝练改革主要内容与对应实践成效，据此提出中国售电侧市场化改革必须坚持立法先行，监管独立，统一调度；以美国得克萨斯州售电侧市场化改革为分析对象，深入剖析其改革动机、主要历程与改革成效，并通过梳理其电力市场基本结构，指出其售电侧市场失灵的风险主要体现在纵向限制行为、横向限制性定价以及道德风险三个方面。而后，从理论层面分析了监管政策促进售电侧有效竞争的内在机制。进一步结合中国售电侧改革实践与美国得克萨斯州售电侧电力市场失灵主要风险，提出中国售电侧市场化改革方向是扩大竞争的同时，强化纵向和横向监管，并完善信用、投诉、培训等配套机制。国内研究包括：在阐释售电侧市场放开内涵后，从售电侧相关市场主体、售电侧市场运行机制以及售电市场成效等维度，对国际售电侧市场化改革趋势进行分析，强调中国售电侧市场化改革必须坚持立法先行、试点先行，并在此基础上建立信用、垄断等风险防范机制和市场监管制度；围绕电力市场中市场势力的形成探讨电力市场监管问题。他们指出除较低的需求弹性、短期产能有限以及市场边界具有不确定性外，在市场集中度较高、产权不明晰、市场准入门槛高以及电力调度职能不独立等诱因下，形成中国电力市场势力。通过分析梳理监测电力市场势力的主要指标，进一步对中国电力市场监管提出政策建议；在总结电力改革国际经营的基础上，提出中国电力体制改革的建议：市场化方向和合理的经济监管相结合。有学者认为中国电力工业 30 年市场化改革历程就是一场市场化与国家控制之间的拉锯战，国家—市场关系的二分概念并不能解释中国电力治理的演进和复杂性，并通过案例研究表明：在中国，只有政府和市场共同发挥作用，才能达到更广泛的经济和政治目标。

二、售电侧改革政策效果评估

对于售电侧市场化改革的政策效果进行评估是该领域重点研究内容，学界关于改革效果评估主要集中于对电力价格、电价交叉补贴、电力期货及现货市场等方面进行研究，近年来还有些学者研究售电侧市场化改革对经济效率、产业结构升级、能源利用效率等的影响。

首先，因售电侧市场化改革将通过引入竞争机制改变电力市场供需关系，进而影响电力市场价格，有学者重点关注并评估了售电侧市场化改革对电力价格的影响效果，其结论差异明显。其中，有学者在"放管服"与售电侧市场化改革背景下，建立需求响应单时段电价优化模型，并使用重庆 1486 家用电企业 2015—2019 年的数据，开展实证分析。通过测算重庆市电力改革前后用电价格变化，并结合重庆市 3 家代表性调研企业实际用电数据，研究发现，售电侧市场化改革显著降低了重庆市电力价格，有效降低了电力企业用电成本，售电侧市场化改革成效显著。然而，也有学者研究指出，售电侧市场化改革并未显著发挥电价削弱效力，反而由于竞价模式的改变，提升了终端用电价格。通过构建"一对多"和"多对多"讨价还价博弈模型，围绕售电侧市场化改革前后发电企业和售电公司间关于消费者剩余分配的博弈过程开展研究，以揭示售电侧市场化改革对用户电价红利的影响。研究发现，售电侧市场化改革后，原有"一对多"竞价上网模式，变为"多对多"讨价还价匹配模式，在降低售电侧博弈主体议价能力的同时，反而提升了发电侧主体的竞价优势。因此，改革或将促使发电企业索取更多消费者剩余，进而推动发电企业在参与售电侧市场竞争时提高报价，挤占售电公司赢利空间，进而提升终端电价，削弱售电侧市场化改革的电价红利。有学者以使用1985—2003年（发达国家、亚洲发展中国家、苏联和东欧以及拉丁美洲）78个国家的面板数据，开展实证研究，对售电侧市场化改革与电力价格的因果关系开展分析，同样证实将在售电侧引入竞争机制时，电力部门自由化模式的发展并不一定会降低电价，反而致使终端电价抬升。

其次，围绕售电侧市场化改革后，电力定价模式中交叉补贴存在的必要性开展研究。有学者对当前电价机制中交叉补贴部分与碳排放效率的影响关系进行分析，使用中国2006—2015年100个城市的电力消费价量数据开展实证研究。研究发现，当前电力降费和碳排放目标存在冲突，而碳价与电价具有联动效应。特别的，交叉补贴的存在导致工业与居民用电需要同步调整。还有学者关注交叉补贴取消对中国不同区域经济发展的影响，在建立 CGE 模型分析的基础上，选取不同区域的代表省份进行实证分析，测算综合评价值。结果显示，较之经济欠发达区域（河南省和青海省），经济发达区域（江苏省）居民、农业用户享受更高补贴。总体而言，交叉补贴取消将有利于各区域经济发展，但将扩大沿海与内陆城市经济差距。

此外，售电侧市场化改革背景下，有学者围绕电力期货及现货市场开展研究，对英国、美国得克萨斯州以及北欧电力市场交易及结算机制进行了梳理，通过对比分析，总结了上述电力市场不平衡电量的结算方法及特点，并针对中国电力市场交易结算机制提出建议。除直接关注到售电侧市场化改革背景下，电力期货、现货市场的交易结算机制，还有学者分析了电力市场的潜在清洁能源消纳机制，在分析北欧、德国、澳大利亚、美国与英国电力现货市场机制的基础上，对中国电力现货市场试点南方电网、甘肃电网、山西电网、山东电网等进行建设现状进行分析，并指出当前中国电力现货市场机制并不完全、辅助服务市场建设滞后，且现货市场价格机制并不明晰。结合发达国家电力现货市场对清洁能源消纳的促进机制，对中国电力现货市场清洁消纳促进路径提出政策建议。有的则围绕中国西北地区电力市场和清洁能源交易运营绩效开展分析，重点关注跨区跨省市场交易。在按照电力能源商品的功能和价值对跨区跨省市场交易需求进行梳理总结后，对中国目前跨区跨省市场交易运营情况进行描述性分析，发现五省（区）电源省间外送表现与其资源优势并不适配。同时，他们还对西北地区售电侧市场运营进行了描述分析，研究指出，中国西北地区部分省份优先发电与优先购电的电量占比、电量规模均严重不匹配，成了售电侧参与跨省区竞争性业务的有利条件。

最后，近年来由于国家对于经济社会高质量发展的重视，越来越多学者针对售电侧改革对绿色经济效率、行业结构升级、能源利用效率的影响开展研究，其中一些学者研究了 2004 年荷兰家庭电力零售市场开放后，荷兰电力市场结构、监管和市场表现的变动。他们使用 2008—2014 年荷兰零售电力市场月度产品价格数据，开展实证研究，定量检验电力市场零售竞争强度与消费者受益的因果关系。研究发现，售电侧改革后，荷兰零售电力市场集中度较高，零售商品种类越来越复杂。零售商之间的主要竞争手段并非低价竞争策略，而为依托产品创新开展的差异化竞争，尤其是在绿色能源方面。总体而言，改革后售电侧市场零售毛利率水平依旧较高，零售商之间的价格差异较大，消费者对售电市场的满足度提升因此减少了投诉，提升了转换率。一些研究发现电力市场一体化有助于提升区域绿色经济效率，并产生正向空间溢出效果，另一些则使用一般均衡模型研究并发现，对国民经济各行业的"普遍性降电价"将导致高耗能产业增加值提升，不利于产业转型升级发展。有学者利用多期双重差分方法对 2015 年以来中国进行的电力市场化改革对能源生产效率和能源利用效率进行实证分析，研究表明电力市场化改革有利于提高能源利用效率，但对能源生产效率的未有显著影响。

三、售电侧改革后电力市场主体经营决策分析

售电侧市场化改革在改变市场交易模式的同时，将引发企业经营决策变动，因此也有学者聚焦于对售电侧市场化改革后电力企业竞争力对比，以及电力市场主体经营决策展开研究。

学者们通常通过构建一个评价体系对各种类型的售电公司进行不同维度的评价，并根据评价结论提出相应的政策建议。如有学者基于宏观环境、个体能力和个体表现三个维度，分别对设计了有配电网经营权和无配电网经营权两类售电公司的竞争力评价体系，在对广东省与辽宁省售电公司进行测算后，进一步对指标体系的实践应用提出建议。另有学者在设计售电侧服务竞争力问卷调研报告的基础上，使用通过信效度检验的问卷调查数据，通过构建结构方程模型，从增值服务、用户黏性、企业形象以及市场环境四个维度展开研究，分析售电侧市场化改革背景下售电企业服务竞争力的影响因素。研究发现，增值服务将最直接影响售电服务竞争力，同时企业可以通过优化形象、提高用户黏性的方式提升售电服务竞争力。还有学者以售电侧市场化改革为研究背景，参照传统电网企业供电服务质量评价体系，基于反向传播神经网络 BPNN，构建售电市场各售电商服务评测机制及下层评价系统的自适应评价模型，并基于理想点法 TOPSIS 建立供电服务质量的综合评价模型。最后结合实地调研数据，测算售电公司供电服务质量综合评价结果。研究发现，依据售电侧市场主体定义，I 类售电公司的竞争优势主要体现于资质能力、硬性服务条

件等方面，而尽管Ⅱ类售电公司在服务项目和服务渠道上多样化手段丰富，不同企业间供电服务质量具有一定差距。

由于售电市场放开后，不同类型的售电主体参与市场竞争，各类售电商针对不同目标、不同电力用户、不同定价策略以及交易模式展开激烈竞争，关于售电主体经营决策进行分析研究的学者亦不在少数。有学者关注到售电侧改革对国有发电企业经理人决策行为的影响，选取柯布—道格拉斯生产函数描述经理人在不同目标上的付出与创造社会福利的关系，并使用仿真分析范式，对模型进行算例验证。针对电力用户，有学者则以浮动高峰电价产品为切入点，构建用户电价响应模型，并设计了将用户满意度考虑在内的购售双方运营优化模型，在三种场景下进行算例分析，研究发现，浮动高峰电价产品能够在保障用户用电成本不变的前提下，提高平衡账户总收益，降低负荷峰谷差，并助力售电公司和用户获得收益。针对定价策略，有学者在不完全信息市场背景下，构建了多个售电商博弈的定价模型，并引入贝叶斯模型进行求解。研究发现，该模型能够解释售电侧市场化改革后不完全信息市场交易下售电商的定价策略，即短期收益最大化将并不显著影响售电企业的定价策略。针对交易模式，有学者在中长期交易及现货交易的市场模式下，通过拆解、组合售电公司可能的购售电业务，对其购售电业务模式进行总结。进一步的，采用场景法模拟电力现货市场交易价格及用电需求风险等，并构建购售电业务综合决策与风险评估模型。在此基础上，通过对不同购售电业务模式的分析，验证了模型的有效性。引入可再生能源中长期购电业务和储能租用业务后，对售电公司决策与风险因单位成本与规模发生的变化进行测算。此外，还有售电侧市场化改革背景下，区块链技术的应用。基于区块链与电力现货市场体系的相似网络拓扑形态，挖掘区块链技术支撑下电力现货交易市场的运作机制，并分析在此机制下实时交易电价的形成模式及影响因素，进一步地使用算法识别售电公司多选择购电方式下的最优购电方案，并设计最优购售电模式。研究发现，提升清洁能源电厂市场竞争力的手段之一为降低清洁能源上网电价，且区块链技术有助于提升清洁发电企业对市场交易情况的掌控力，增强其竞价优势。

除关注电力市场主体竞争决策外，还有学者聚焦于电力现货市场中市场成员的竞价方式的研究。其中，有人在分析北欧电力现货市场运行机制的基础上，结合现货市场交易机制设计，构建了能够考虑灵活快交易的现货市场出清模型，并为提升模型求解效率，提出线性化建模方法，最终通过算例分析对模型与求解方法的准确性与有效性予以验证。不同于上述研究的模型构建与求解思路，有学者通过案例分析或实证研究范式考察了售电侧市场化改革对电力市场主体经营、区域经济发展的影响。有人关注到售电侧市场化改革对市场电价及售电公司利润的影响效果，在考虑政府规制政策约束条件下，制定了以售电量总量为约束条件的售电商联盟定价模型，并通过该定价模型所推演的售电商联盟支付矩阵分析该状态下纳什均衡是否存在。研究得出结论，售电侧市场化改革难以形成完全竞争市场，而是培育了一个寡头竞争市场。在该市场中，若政府放宽对小售电公司售电量上限的限制，则能够部分削弱大售电公司的市场垄断能力，降低市场电价。与此同时，技术革新通过减低成本能够调低市场电价，放大用户定价红利，提升售电公司利润空间。此外，有学者基于美国康涅狄格州的公共数据开展案例研究，发现在售电市场引入竞争机制后，2015年1月至2016年12月期间，随着标准服务费率的下降，住宅消费者正在响应并重新使用标准服务。同时，具有竞争力的供应商并未依据批发电价调整费率，而是将依据受监管的标准服务费率的变化调整费率。

在关注售电侧市场化改革通过影响电力市场主体决策实现经济效率的同时，有研究关注到售电侧市场化改革的生态效应，以售电侧市场化改革为背景，运用一种应用数学规划的方法构建区域电力交易市场模型，该模型包含分布式电能生产者、售电商及一般电力用户等售电市场主体，基于该模型针对各市场主体进行决策优化设计。数值分析结果表明，售电企业的购电价格将决定整体决策流程，同时影响产消者、售电商和一般用户的潜在收益，特定区间内能够实现共赢机制。更为关键的是，他们的研究结果证实，区域电力资源流通不仅能够实现经济效率提升，还能够应余电所附余热在产消者内部的充分利用，实现生态效应。

四、区域绿色经济发展的影响因素

在测度区域绿色经济发展的基础上，众多研究对绿色经济发展的影响因素进行了深入挖掘，将从经济集聚、要素市场表现以及制度环境视角梳理有关区域绿色经济发展影响因素的文献。

首先，已有众多研究证实经济集聚水平将显著影响区域绿色经济发展。一部分研究认为，经济集聚将引发严重环境污染问题，不利于区域绿色经济发展；又一部分研究证实，经济集聚与绿色经济效率具有非线性关系。有学者结合非径向方向距离函数与超效率 DEA 模型，构建中国地级及以上城市的绿色经济效率测算指标，通过实证研究证实，经济集聚程度对区域绿色经济效率的影响效果呈现"U"型关系。进一步的，通过区分第二产业与第三产业集聚水平，其进一步检验了不同产业集聚对区域绿色经济效率的影响效果，研究发现，第二产业和第三产业集聚对区域绿色经济发展的影响效果与总体情况相似。通过机制研究发现，经济集聚对绿色经济效率的非线性影响主要通过基础设施、劳动力市场高级程度和环境规制产生。另有学者则从空间视角挖掘了经济集聚与区域绿色经济发展的溢出影响，通过构建空间杜宾模型，并使用中国 232 个地级及以上城市的 2005—2018 年的数据开展空间计量分析，同样证实经济集聚与区域绿色经济发展具有非线性关系。具体而言，经济集聚与本地绿色技术创新的关系表现为"先扬后抑"的倒 U 型特征，而其与邻地绿色技术创新发展的关系为"先抑后扬"的倒 U 型特征。而一些学者采用 Super-SBM 模型计算中国 274 个城市的绿色经济效率，并在此基础上开展实证研究发现，生产性服务业集聚将推动本区域绿色经济效率提升，但其将产生显著负向空间溢出效应。另有学者使用

2004—2018 年黄河流域的山东半岛城市群、中原城市群等七大城市群数据为研究对象，通过对各城市群的经济集聚进行测算并构建空间计量模型探析其与区域绿色经济发展效率的关系，结果得出二者呈倒 U 型关系，且黄河流域城市群经济集聚对区域绿色经济发展的影响具有显著正向空间溢出表现，该结果产生的机制路径包括绿色技术创新与劳动力市场高级化。

其次，有学者证实要素市场表现也将显著影响区域绿色经济发展。他们从劳动力要素市场扭曲和资本要素市场扭曲两个维度考察区域要素市场扭曲对绿色经济发展的影响效果，使用中国 30 个省份 2000—2015 年的数据开展实证研究，发现劳动力要素市场扭曲和资本要素市场扭曲将通过推动污染型企业发展、阻碍技术创新要素投入提升以及引发能源低效率使用等负向影响区域绿色经济发展水平。另有学者使用 2000—2017 年的省级面板数据，检验外商投资影响区域绿色经济发展的影响效果及内在机制，证实要素市场扭曲约束下，外商投资对区域绿色经济发展的影响效果并不显著。出现该结果的原因是，其通过产业结构效应、资源诅咒效应抑制区域绿色经济效率提升，并通过绿色技术效应推动区域绿色经济发展。他们还从空间视角，检验了要素市场扭曲下外商投资影响绿色经济发展的空间溢出效果，发现尽管区域绿色经济发展具有正向空间溢出效果，其将被要素扭曲下的外商投资增长而削弱。除区域要素市场扭曲外，各类资源的充裕水平也将显著影响区域绿色经济进程。有学者基于 2003—2012 年 275 个地级市的面板数据开展实证研究，证实资源诅咒效应，即区域资源丰裕水平提升将抑制区域绿色经济增长。具体而言，自然资源将通过挤出优质创新要素、金融要素与推动工业产业发展的方式，抑制绿色经济增长。除自然资源外，数字经济发展及绿色信贷发展背景下，金融资源也是影响区域绿色经济发展的重要因素。众多学者研究证实，数字经济发展背景下，充裕的金融资源有助于提升区域技术进步水平，推动城市绿色经济发展。有学者对中国数字经济发展与绿色全要素生产率进行了测算分析，并在此基础上构建空间计量模型，研究发现，数字经济将通过技术进步效应影响中国绿色全要素生产率，同时产业结构升级和要素市场扭曲也成为其内在机制。另有学者在区域绿色经济发展影响要素中，着眼于近年来研究热门要素数字经济在其中的影响，并使用中国 2011—2018 年 285 个地级及以上城市的面板数据，他们的研究结果显示数字经济有显著的正面影响。还有的学者重点关注了绿色信贷与区域绿色经济增长的关系，研究证实绿色信贷有助于推动区域绿色经济发展。

最后，环境规制也是影响区域绿色经济发展的重要因素。理论上，严苛的环境规制有助于抑制区域环境污染表现，通过绿色技术创新激励等引导区域绿色经济发展。有学者使用中国 2010—2021 年中国 27 个省份的面板数据开展实证研究，发现严格的环境规制显著提升了中国区域绿色经济发展效率。但众多学者研究证实，环境规制下存在"污染天堂"或逐底竞争现象。因此，有学者研究认为环境规制实则不利于区域绿色经济发展。他们使用 2006—2017 年的省级面板数据，使用动态面板 GMM 模型研究发现，环境规制显著抑制区域绿色经济增长，原因是环境规制通过提高企业污染治理成本，压缩其利润空间，不利于绿色经济增长。而有的学者在环境技术进步方向模型的基础上，对环境规制影响区域绿色技术创新的"本地—邻地"效应进行数理演绎，证实环境规制对本地绿色技术创新的影响具有门槛效应，其对邻地绿色发展的影响表现为显著倒 U 型效果。还有的学者使用 2003—2018 年中国 273 个地级市的数据，开展实证研究，证实环境规制强度与区域绿色经济发展之间为 U 型关系。

五、环顾与述评

本书回顾了售电侧市场化改革机制优化设计及政策效果评估研究，在进一步把握售电侧市场化改革内涵的基础上，综述了有关区域绿色经济发展的影响因素研究，不仅能够在一定程度上支撑本书理论框架构建，也为本书实证分析的研究设计提供思路。然而，已有研究仍存在以下不足之处。

第一，尽管有部分学者通过对比分析不同国家售电侧市场化改革路径，或通过总结发达国家售电侧市场化改革市场监管机制实践经验，对中国售电侧市场化改革机制设计提出建议。但上述相关研究中，对于售电侧市场化改革究竟成效几何，未来是否应当继续市场化道路仍未有定论。并且，已有文献对于售电侧改革困境缺乏系统且深入的理论研究或实证研究，对于售电侧市场化改革的路径及机理阐释具有较大的深入空间，且未能扎根中国情境，融合售电侧市场化改革背景开展系统研究。

第二，现阶段有关售电侧市场化改革的政策评价研究内容较为单一，部分学者仅聚焦于市场主体定价、交易模式策略以及电力企业竞争力等经济指标展开研究，部分研究虽涉及生态效应、能源利用效率等，但其研究对象未聚焦于售电侧改革，而是研究电力市场一体化或售电商经营策略等，未针对售电侧市场化改革的绿色经济效应展开探讨，忽视了其潜在"绿色属性"，对当前售电侧市场化改革的政策效果评估不够全面。实际上，售电侧市场化改革通过设立市场"清洁"准入门槛，积极引导分布式电源用户参与市场交易等，瞄准供电安全和节能减排要求，具有潜在生态效应，因此有关售电侧市场化改革生态效应的研究仍存在拓展空间。

第 4 节 逻辑主线：本书框架与方法

一、核心内容

在解读售电侧市场化改革政策背景、梳理政策内容的基础上，基于对已有理论基础与相关文献的梳理，本书拟构建售电侧市场化改革影响区域绿色经济发展的理论分析框架。以理论层面探讨为逻辑起点，将聚焦售电侧市场化改革与区域绿色经济发展的因果关系开展定量分析，并从空间视角检验售电侧市场化改革的潜在溢出效应。进一步将围绕理论机制，对售电侧市场化改革影响区域绿色经济发展的本地效应及空间效应进行机制检验，并综合上述研究内容，总结研究结论并提出政策建议。本书框架图如图 1.3 所示。

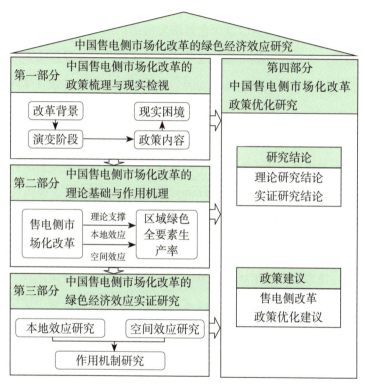

图 1.3 本书研究框架图

二、分析框架

本书主要包括七个章节，通过构建售电侧市场化改革影响区域绿色经济发展的分析框架，拟解决如下问题：一是售电侧市场化改革的实施背景、发展阶段、主要内容及现实困境是怎样的；二是理论上售电侧市场化改革将怎样影响区域绿色经济发展；三是售电侧市场化改革对区域绿色经济发展的影响具体如何；四是售电侧市场化改革对区域绿色经济发展的影响具有怎样的空间溢出效果；五是售电侧市场化改革将通过哪些传导路径影响本区域以及空间关联区域绿色经济发展。除绪论外，余下各章具体内容如下：

内容一：售电侧市场化改革的制度背景梳理与现实困境分析。本章将基于售电侧市场化改革相关政策文件，梳理售电侧市场化改革政策的背景及演变阶段，在凝练分析改革主要内容的基础上，探析中国售电侧市场化改革目前存在的现实困境。首先，在研读售电侧市场化改革相关政策内容并查阅数据资料的过程中，梳理售电侧市场化改革提出的背景，归纳其政策路径。其次，深入解读售电侧市场化改革系列文件，总结售电侧市场化改革的政策逻辑，为进一步分析售电侧市场化改革影响区域绿色经济发展的作用机理奠定基础。最后，对中国售电侧市场化改革实施现状剖析，得出目前改革存在的现实困境，为后续实证研究结论提供现实支撑。

内容二：售电侧市场化改革绿色经济效应的理论基础及作用机理。本章将基于售电侧市场化改革的制度背景，结合相关理论基础，分析售电侧市场化改革影响区域绿色经济发展的作用机理。首先，将深入剖析前述章节中所归纳总结的售电侧市场化改革内容将通过何种机制路径影响区域绿色经济发展。其次，将综合售电侧市场化改革影响区域绿色经济发展的本地效应机制，分析售电侧市场化改革影响区域绿色经济空间溢出效应的潜在机制。

内容三：中国售电侧市场化改革的本地绿色经济效应分析。本章将在匹配售电侧市场化改革政策虚拟变量数据、区域绿色经济效率以及相应控制变量构造面板数据的基础上，开展实证研究。首先，基于售电侧市场化改革政策背景，本章拟构建多时点双重差分模型（Time-varing DID），分析售电侧市场化改革影响区域绿色经济发展的因果关系。而后，本章拟构建动态双重差分模型，针对售电侧市场化改革的绿色经济效应开展平行趋势检验与政策动态效应分析。其次，本章拟通过更换因变量、更换聚类稳健标准误、调整样本期间以及安慰剂检验的方式，就售电侧市场化改革绿色经济效应的基准回归结果进行稳健性检验，以增强估计结果的可信度。最后，本章拟基于检验地方电力立法水平、金融发展水平以及产权保护力度视角进行分组回归，挖掘售电侧市场化改革对区域绿色经济发展影响的异质性表现。

内容四：中国售电侧市场化改革的绿色经济空间溢出效应分析。本章将进一步检验售电侧市场化改革绿色经济效应的潜在空间溢出效果。一是，售电侧市场化改革的绿色经济效应具有潜在空间溢出性，违背 DID 估计方法所须满足的 SUTVA 假设，且考虑到售电侧市场化改革与绿色经济发展均具有一定空间溢出效果，结合空间计量与双重差分模型，拟构建空间双重差分回归模型（Spatial-DID），考察中国售电侧市场化改革绿色经济效应的空间溢出效果，并检验未考虑空间溢出效应时SUTVA假设不满足对估计结果的潜在干扰。同时，将进一步使用更换空间权重矩阵设定、更换因变量、调整样本区间及更换聚类稳健标准误等方式，进行稳健性检验。二是，拟构建空间三重差分模型（Spatial-DDD），在控制溢出影响的情况下，基于不同政府财政实力、信息基建水平、市场化水平分析售电侧市场化改革对绿色经济发展空间溢出影响的异质性表现。

内容五：中国售电侧市场化改革绿色经济效应的作用机制检验。本章将基于理论分析基础，检验售电侧市场化改革绿色经济效应的内在机制。首先，将在回归于机制变量的基础上，通过分组回归的方式，从"区域技术进步""资源配置"与"产业结构"视角对比分析售电侧市场化改革的绿色经济效果，判断售电侧市场化能否通过该机制作用于区域绿色经济发展。其次，将构建空间计量模型，通过回归于机制变量的方式检验"技术进步效应""资源流通效应""清洁生产效应"是否为售电侧市场化改革绿色经济效应空间溢出效果的内在机制。最后，针对"资源流通效应"中区域间电力能源的空间调度机制仍使用本地效应的检验方式。同时，拟使用更换因变量及调整样本区间的方式，进行稳健性检验，提升售电侧市场化改革绿色经济效应机制检验结果的可信度。

内容六：主要结论、政策建议与研究展望。本章拟通过对上述实证检验结果的深入解读，并结合售电侧市场化改革政策的制度背景分析及售电侧市场化改革绿色经济效应的理论分析，就政府如何优化售电侧市场化改革顶层设计提出政策建议。

三、方法与路线

（一）分析方法

第一，文献分析法。本书采用文献分析方法，围绕研究中国售电侧市场化改革的绿色经济效应的相关文献进行梳理和分析，得到中国售电侧市场化改革的研究概貌以及影响区域绿色经济发展、绿色全要素生产率的影响因素，为探寻本书研究视角提供文献基础。

第二，理论结合实践的分析方法。本书采用理论结合实践的分析方法，在充分研读中国售电侧市场化改革政策文件的基础上，将相关理论分析与中国售电侧市场化改革现实问题结合起来，得出售电侧改革影响区域绿色经济发展的作用路径，为本书实证研究提供理论与现实支撑。

第三，计量经济学分析方法。本书以 2015 年售电侧市场化改革的推行为外生政策冲击，构建多时点 DID 模型和空间双重差分模型（SDID）检验售电侧市场化改革绿色经济效应及其潜在空间溢出效应。并通过直接回归于机制变量与分组回归的方式检验售电侧市场化改革影响区域绿色经济发展本地效应的内在机制，同时将在 SDID 模型基础上使用直接回归于机制变量的方式，检验售电侧市场化影响区域绿色经济发展空间效应的内在机制。

（二）技术路线

本书将紧密围绕研究目标，以资源配置理论、政府管制理论等为指导，使用 Time-varing DID、Spatial-DID 以及 Spatial-DDD 等计量手段就售电侧市场化对区域绿色经济的影响效果开展系统研究。图 1.4 展示了本书的技术路线，包括研究思路、研究内容和主要研究方法。以下围绕研究技术路线详述本书具体方案。

中国售电侧市场化改革本地绿色经济效应分析：

①区域绿色经济发展的测度。

本书以绿色全要素生产率作为区域绿色经济发展的代理变量，并使用能够保证 DMU 投影强有效性的非径向 SBM 模型（Slack Based Measure），选用 SBM 模型-GML 指数（Global-Malmquist-Luenberger，GML）进行区域绿色全要素生产率指标（GTFP）的测算。具体而言，将从劳动要素、资本要素与能源要素三个角度选择投入要素测算指标。并参考已有研究做法，选用各省份工业废水中 COD 排放量与工业废气中 SO_2 排放总量为非合意产出指标。

②DID 模型设定。

本书将以售电侧市场化改革为外生冲击，构建多时点 DID 模型就售电侧市场化改革对区域绿色经济发展的影响效果进行识别：

$$GTFP_{i,t} = \alpha_0 + \alpha_1 DID_{i,t} + \sum \alpha_k Control_{i,t} + \gamma_i + \lambda_t + \epsilon_{i,t} \quad （1.1）$$

其中，i，t 分别代表省份和时间；$GTFP_{i,t}$ 为被解释变量，

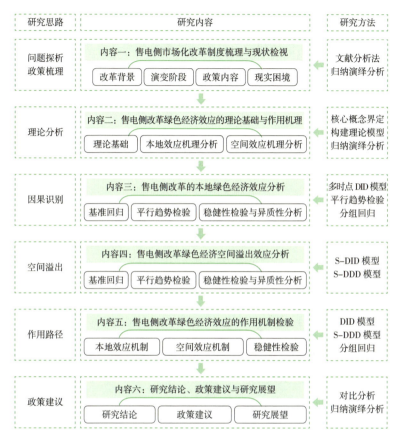

图 1.4　技术路线图

表征 i 省份 t 年度的绿色经济发展情况；$DID_{i,t}$ 为中国售电侧市场化改革政策变量。$Control_{i,t}$ 为一系列省级层面控制变量。同时，本书控制了省份固定效应 γ_i 与时间固定效应 λ_t。$\epsilon_{i,t}$ 为随机扰动项。为进一步检验模型（1.1）结果的稳健性，本书拟使用更换因变量、更换聚类稳健标准误、调整样本期间以及安慰剂检验的方式进行稳健性检验。此外，本书拟基于检验地方电力立法水平、金融发展水平、产权保护力度视角进行分组回归，挖掘售电侧市场化改革对区域绿色经济发展的影响的异质性表现。

③动态 DID 模型设定。

借鉴已有研究做法，拟构建动态 DID 模型验证满足平行趋势假定：

$$GTFP_{i,t} = \alpha_0 + \sum_{K=1}^{6} F_k DID_{i,t-k} + \sum_{j=0}^{5} L_j DID_{i,t+j} + \sum \alpha_k Control_{i,t} + \gamma_i + \lambda_t + \epsilon_{i,t}$$

（1.2）

模型（1.2）中下标 i，t 分别代表省份和时间。$DID_{i,t-k}$ 表示售电侧市场化改革政策的第 k 期前置项。L_j 表示售电侧市场化改革政策第 j 期滞后项。若所有系数 F_k 的表现结果均不显著，且第 j 期起系数 L_j 表现显著，则证实平行趋势假定成立。模型其余设定与公式（1.1）一致。

中国售电侧市场化改革的空间绿色经济效应分析：

① S–DID 模型设定。

为捕捉潜在空间溢出效应，将参考空间计量经济学研究范式引入不同空间权重矩阵。结合空间计量与双重差分模型，构建 Spatial–DID 模型，考察中国售电侧市场化改革绿色经济效应的空间溢出效果。

$$GTFP_{i,t} = \alpha_0 + \rho \Sigma_j W_{i,j} GTFP_{i,t} + \beta DID_{j,t} + \theta \Sigma_j W_{i,j} DID_{i,t} + YX_{j,t} + \psi \Sigma_j W_{i,j} X_{i,t} + \gamma_j + \lambda_t + \epsilon_{j,t}$$

（1.3）

$$\epsilon_{j,t} = \sigma \Sigma_j W_{i,j} \epsilon_{j,t} + \mu_{it}$$

（1.4）

$$\mu N(0, \sigma_\mu^2 I_n)$$

（1.5）

其中，i 与 j 均代表省份，t 表示年份。GTFP 用于测度各省绿色经济发展水平，以绿色全要素生产率为代理变量。DID 用于捕捉售电侧市场化改革的实施效应。$W_{i,j}$ 是空间权重矩阵 W 的一个元素，用于描述 i 省份与 j 省份之间的空间邻近性。X 代表一系列控制变量。ρ 与 σ 分别考察了各省份绿色经济发展与残差项的空间溢出效应。模型其余设定与前述一致。同时，将进一步使用更换空间权重矩阵设定、更换因变量、调整样本区间及更换聚类稳健标准误等方式，进行稳健性检验。

② S–DDD 模型设定。

本书将构建如下 S–DDD 模型，分别检验政府财政实力、信息基建水平以及市场化水平能否差异化售电侧市场化改革绿色经济效应的空间溢出效果。

$$GTFP_{i,t} = \alpha_0 + \rho\Sigma_j W_{i,j} GTFP_{i,t} + \beta_1 DID_{j,t} + \theta_1\Sigma_j W_{i,j} DID_{i,t} +$$

$$\beta_2 DID_{j,t} \times HETERO_i + \theta_2\Sigma_j W_{i,j} DID_{i,t} \times HETERO_i + \text{Y}X_{j,t} +$$

$$\psi\Sigma_j W_{i,j} X_{i,t} + \gamma_j + \lambda_t + \epsilon_{j,t} \qquad (1.6)$$

$$\epsilon_{j,t} = \sigma\Sigma_j W_{i,j} \epsilon_{j,t} + \mu_{it} \qquad (1.7)$$

$$\mu\, N(0, \sigma_\mu^2 I_n) \qquad (1.8)$$

其中，$HETERO_i$ 为异质变量。重点关注交互项 $DID_{i,t} \times HETERO_i$ 的参数估计结果 β_2 及其空间溢出项的估计结果 θ_2。模型其余设定与公式（1.3）—公式（1.5）一致。

中国售电侧市场化改革绿色经济效应的作用机制检验：

①本地效应机制检验模型设定。

本书将在回归于机制变量的基础上，通过分组回归方式对比分析售电侧市场化改革的绿色经济效果，模型设定如下：

$$Mechanism_{i,t} = \alpha_0 + \alpha_1 DID_{i,t} + \sum_k \alpha_k Controls_{i,t} +$$
$$\gamma_i + \lambda_t + \epsilon_{i,t} \tag{1.9}$$

$$GTFP_{i,t}^{group} = \beta_0 + \beta_1 DID_{i,t}^{group} + \sum_k \beta_k Controls_{i,t}^{group} +$$
$$\gamma_i^{group} + \lambda_t^{group} + \epsilon_{i,t}^{group} \tag{1.10}$$

其中，i，t 分别代表省份和时间；$Mechanism_{i,t}$ 为机制变量，包括技术进步、资源配置、产业结构三个维度。$Group$ 为分组，将依据政策前一年机制变量样本均值对其进行分组。$GTFP_{i,t}^{group}$ 用于衡量不同分组区域的绿色经济发展。重点关注系数对象为 α_1 与 β_1。若 α_1 结果显著，则意味着售电侧市场化改革将对区域技术进步、资源配置或产业结构产生实质性影响。进一步对比分析不同分组省份售电侧市场化对绿色经济发展的影响效果，则可判断售电侧市场化能否通过该机制作用于区域绿色经济发展。其余设定与公式（1.1）一致。

②空间效应机制检验模型设定。

为检验售电侧市场化改革绿色经济效应空间溢出效果的内在机制，参考空间计量经济学研究范式引入不同空间权重矩阵，并构建如下检验模型：

$$Mechanism_{i,t} = \alpha_0 + \rho\Sigma_j W_{i,j} GTFP_{i,t} + \beta DID_{j,t} + \theta\Sigma_j W_{i,j} DID_{i,t} +$$
$$Y X_{j,t} + \psi\Sigma_j W_{i,j} X_{i,t} + \gamma_j + \lambda_t + \epsilon_{j,t} \tag{1.11}$$

$$\epsilon_{j,t} = \sigma\Sigma_j W_{i,j}\epsilon_{j,t} + \mu_{it} \tag{1.12}$$

$$\mu N(0, \sigma_\mu^2 I_n) \tag{1.13}$$

其中，i 与 j 均代表省份，t 表示年份。$Mechanism_{i,t}$ 为机制变量，包括技术进步、资源流通、清洁生产三个维度。模型其余设定与公式（1.3）—公式（1.5）一致。

四、创新之处

本书的创新之处和边际贡献体现在三个方面。

第一，本书立足于售电侧市场化改革背景，通过梳理售电侧市场化改革政策路径，归纳总结售电侧市场化改革政策背景，并在此基础上构建售电侧市场化改革影响区域绿色经济发展的理论框架。通过定量研究不仅揭示了售电侧市场化改革与区域经济发展间关系的"黑箱"，还能够从空间视角揭示售电侧市场化改革影响区域绿色经济发展的内在机制，拓宽了电力体制市场化改革政策研究视角的深度与广度。

第二，已有部分售电侧市场化改革政策评价研究在开展实证分析时，忽视了售电侧市场化改革政策的潜在空间溢出效应。事实上，售电侧市场化改革与绿色经济发展均理应具有一定空间溢出效果，违背 DID 估计方法所须满足的 SUTVA 假设，削弱了 DID 估计的因果识别效率。而本书将结合空间计量与双重差分模型，构建 Spatial-DID 模型，在考察中国售电侧市场化改革绿色经济效应的空间溢出效果的同时，检验未考虑空间溢出效应时 SUTVA 假设不满足对估计结果的潜在干扰。本书能够科学辨析售电侧市场化改革的绿色经济效应及内在机制，提升售电侧市场化改革政策评估结论的可信度。

第三，本书创造性地采用地方电力立法文本量化分析方法，对中国 30 个售电侧改革试点的电力立法水平进行评价，并通过分组回归的方式对电力立法水平对中国售电侧改革绿色效应的影响进行研究，为电力领域法律规制实证研究提供新的思路，从法律制度维度为提升售电侧市场化改革绿色经济效应提供科学考量。

第 5 节　本章小结

基于文献梳理与理论基础回顾，立足于中国售电侧市场化改革背景，本书使用 DID、SDID 模型深入剖析中国售电侧市场化改革的绿色经济效应及形成机理，并从空间维度拓展了售电侧市场化改革绿色经济效应的潜在空间溢出效果，但后续研究仍可在本书的研究基础上进行拓展分析。

第一，从研究对象上看，本书从省份视角出发，探究中国售电侧市场化改革的绿色经济效应，并对二者间内在机理进行深入分析。事实上，售电侧市场化改革通过影响电力行业、电力企业经营，作用于区域绿色经济发展，因此后续研究可立足于电力行业、电力企业等售电侧改革影响主体视角，从微观层面剖析中国售电侧市场化改革的绿色经济效应与内在机制，丰富售电侧市场化改革政策评估研究视角，并验证已有研究结论。

第二，从研究视角看，本书以省域面板数据为基础，重点关注中国售电侧市场化改革的绿色经济效应，从本地效应与空间效应视角深入挖掘了售电侧市场化改革影响区域绿色经济发展的内在机制。后续研究还可在城市层面、县域层面关注售电侧市场化改革的绿色经济效应，尤其可以从市级、县级视角拓展售电侧市场化改革绿色经济效应的空间溢出机制。

第三，从研究结论视角看，本书通过实证研究得出中国售电侧市场化改革对本地区绿色经济发展或有抑制作用，而对于空间关联区域的绿色经济发展具有正向溢出效应。那么，本地效应和空间效应究竟孰大孰小呢？本书根据售电侧改革现行实施效果初步判断，在本书样本期间内，本地效应作用更大。随着售电市场各项配套制度进一步完善，本地效应可能由负转正，后续研究将继续对其绿色经济效应进行探讨，并针对本地效应和空间效应大小比较进一步研究。

第2章

制度困境：
中国售电侧改革制度梳理与现状检视

售电侧市场化改革背景下，电力脱碳不仅是践行"双碳"目标的可行路径，更是呵护生态文明环境，推进美丽中国建设，发展绿色经济的重要保障。事实上，中国区域能源非均衡分布特征显著。加之秦岭南北地区间气候、土壤、地形等环境因素均具有差异，省域电力能源生产、消费结构显现空间分异特征。因此，推行售电侧市场化改革亦是促进电力资源大范围优化配置、提高区域清洁能源消纳水平的有效举措。本书所称售电侧市场化改革为以 2015 年国家发展和改革委员会发布的《关于推进售电侧改革的实施意见》为指导的直达电力用户终端的售电端市场化改革，包括售电公司、发电企业、电力用户三类售电交易主体在电力交易中心进行的直接交易、代理购电交易、中长期交易、现货交易等。

第1节 时代要求：售电侧改革应运而生

一、电力行业面临产能过剩和环境污染"两难"

（一）2015年电力行业步入产能过剩阶段

20世纪80年代中期，中国经济处于高速增长阶段，各地纷纷出现"发展等电"问题。为此，政府出台各项激励政策为电力行业建设引入社会资本，为了激励社会资本大力投入电力行业建设，政府不仅在发电上网环节放松了价格管制，并且引入了"还本付息电价"。这一举措见效显著，电力建设资金中的地方自筹和外资筹集占比资金显著提升，推动电力工业快速发展的同时极速缓解了电力供求矛盾。此后，大规模投资涌入中国电力行业，加之节能发电进展迅速，中国电力需求矛盾进一步缓和，并逐步脱离用电贫困阶段。2010年，中国的发电量为42 017亿千瓦时，成为世界第一。随着中国成为全球能源生产和消耗大国，能源产能过剩问题备受关注。

据中国国家能源局2015年1月中旬发布的数据显示，2015

年中国售电侧市场化改革的前一年中国全国用电量数据中，全年6000千瓦及以上电厂发电设备累计平均利用小时以及其中全国火电设备平均利用小时均较上年出现了不同程度的下降。针对该数据，中国国家能源局原局长张国宝在2015年中国水电发展论坛上说，"……发电装机设备利用率已经不高了……中国电力短缺的时代已经过去"。事实上，电力能源产能过剩是针对火电而言，中国清洁电能生产远未达到供需平衡状态。2015年中国电力企业联合会统计数据也显示，2015年上半年全国规模以上电厂火电发电量和火电设备平均利用小时分别比上年同期水平下降了3.2%和9.14%。在全国31个省级行政区域中，就有27个省份火电利用小时同比下降。在2015年中国华电集团的工作会议上，原董事长李庆奎明确表示，中国的电力已由短缺经济转变为过剩经济。全国电力装机容量相对过剩，电力产能过剩的观点也得到中国国电集团、中国电力投资集团、华能集团等四大电力企业认同。

（二）火电主导的电源结构带来严重的环境污染

虽然自2014年开始，中国的电力行业已经由短缺转至过剩时期，但却未能迎来电源结构的优化，反而每年火电新增装机规模仍在不断提高。截至2015年6月底，火电项目在建规模为7686万千瓦，与同期水电、核电以及风电在建规模相比最大，占全部电源项目在建规模的比例接近一半。同时，各省份核准火电的建设速度明显加快，这预示着未来中国能源结构将具有持续恶化风险。电力相对饱和状态下，电源建设投资风潮依旧的原因主要是，首先，2012 年以来中国煤炭价格大幅下跌，拉低了火电的成本，为火电企业带来了良好的赢利机遇。其次，国家在简政放权过程中下放了除核电和大型水电外的所有发电项目审批权，地方政府投资发电的热情高涨。最后，众多企业意图抢占新能源政策红利，积极投身风电、光伏为主的新能源项目建设，以期改善自身资源布局，并在未来获得国家价格补贴。更为关键的是，由于中国独特的煤基能源资源禀赋和相关利用方式，电力能源开发利用与生态保护之间存在矛盾关系。据国家统计局所公布环境统计资料（见表 2.1），综合来看 2014 年电力、热力生产和供应业的工业二氧化硫排放量、工业氮氧化物以及工业烟（粉）尘排放位列所有行业之首，数据还显示电力、热力生产和供应业也是工业废水、固体废弃物的排放主体。

表 2.1　2014 年电力、热力生产和供应业的工业废气、废水及固体废弃物排放情况

污染物名称	排放量（吨）	行业排名
工业二氧化硫排放量	6 211 869	1
工业氮氧化物排放量	7 134 068	1
工业烟（粉）尘排放量	2 724 160	2
一般工业固体废物产生量	612 206 000	2
工业废水排放量	959 680 000	6
化学需氧量排放量	33 696	15
氨氮排放量	2 374	16

数据来源：中国国家统计局环境统计资料。

综合上述分析，尽管中国火电电力产能已处于过剩状态，但输配电价以及销售电价仍由政府设定，加之电价调整更取决于电力企业与政府的博弈，中国销售电价仍高居不下。能源价格波动难以传达至售电侧市场，电力生产的环境成本、电力市场供需关系未能有效反映在销售电价中，使得电力生产面临产能过剩和严重的环境污染问题均不能通过灵活的电价机制得以调节。

二、发电侧、输配电侧改革仍未能形成市场化电价机制

（一）电价市场化改革核心目标早已明确

20 世纪 80 年代以来，电价机制作为中国电力体制不可分割的一部分，也经历了众多变革。2002 年国务院《电力体制改革方案》[1]（国发〔2002〕5 号，下称"电改 5 号方案"）发布后，2003 年国务院办公厅印发《电价改革方案》[2]，提出"还本付息电价""燃运加价""经营期电价"等定价方法及高度集中的电价管理体制已难以适应电力供求关系和市场结构的变化，电价体制改革势在必行。实际上，早在 2003 年国务院办公厅印发的《电价

---

[1] 2002 年 2 月 10 日国务院发布《电力体制改革方案》，最后访问日期：2023 年 9 月 20 日。

[2] 2003 年 7 月 3 日国务院办公厅印发《电价改革方案》，最后访问日期：2023 年 9 月 20 日。

改革方案》中第二十五条中就提到了市场化就是销售电价改革不变的方向，其核心就是赋予全部用户自由选择供电商的权利，真正由市场决定电价。该方案指出电价市场化改革方案的同时，也特别提及由于中国特殊国情，中国的电力价格市场化改革必须采用渐进性改革的方式，即改革初期，先形成科学化、规范化的政府定价，再实行一段时间政府定价与市场定价并轨制，最终实现电力价格完全的市场化。而政府制定电价的价值导向为调节供需平衡，实现公共性和公益性，保障公平负担。电价改革的长期目标被界定为建立公平、透明、规范的电价管理制度，形成上网电价、终端销售电价市场化形成机制和输配电价政府核定机制。这成为此后中国电力体制市场化改革中价格机制改革的核心内容。

（二）发电侧、输配电侧改革为售电侧改革打下基础

围绕 2003 年电价改革方案，中国政府已在发电侧与输配电侧价格机制方面进行了众多探索。2005 年国家发展和改革委员会制定并印发了《上网电价管理暂行办法》《输配电价管理暂行办法》和《销售电价管理暂行办法》三部配套文件 ①。其中，竞价之前的上网电价为政府核定，竞价之后的上网电价 = 电量电价 + 容量电价，电量电价由市场决定，容量电价由政府核定逐步转

---

①　2005 年 3 月 28 日《国家发展和改革委员会关于印发电价改革实施办法的通知》，最后访问日期：2023 年 9 月 20 日。

向由市场决定。输配电价由政府核定。销售电价 = 购电成本 + 输配电损耗 + 输配电价 + 政府性基金。综合来看，该"捆绑价格"不仅不利于政府高效监管电力市场交易，更难以联结电力市场供需双方，不利于资源配置效率提升。

考虑到合理规定输配电价格，是拆解电力销售"捆绑价格"，建立售电侧竞价机制的前提，中国政府持续推进着输配电侧改革。2011 年，为保持电网企业输配电力主营业务，国家电网和南方电网两大电网公司终于迈出电网主辅分离改革的重要一步，不再承接电力建设等辅营业务，将其剥离的辅业与其他 4 家负责电力领域设计与施工的央企进行合并重组，形成两大集团：中国电建（PCCC）与中国能建（CEEC）。此后，顺延电力体制市场化改革的既定方向，为加强输配电成本监管，规范输配电成本，进一步推进电价改革，2011 年国家电监会发布《输配电成本监管暂行办法》，这成为明确输配电端定价原则，确立单独输配电价格机制的基石。2014 年中国正式启动新一轮输配电价改革试点，打造深圳市成为一个能够真正打破电网赚取购销差价垄断地位的输配电改试点，并对电网企业的收入核算方式进行明确，将电网企业自有资产带入成本核算公式，构建"准许成本 + 准许收益"的收入公式。2015 年 4 月，国家发展和改革委员会正式发布《关于贯彻中发〔2015〕9 号文件精神加快推进输配电价改革的通知》，该文件进一步扩大输配电改试点范围，并指出将改革对电网企业收入的监管模式，在加强对电网企业成本约束和收入激励的基础上，把输配电价与发售电价在形成机制上分开，推进发电侧和售电侧电价市场化。

综上，当前电价机制并未成为电力市场供需双方的高效沟通渠道，不仅能源价格不能及时传导到终端电价，市场用电需求也不能够反映到电力生产。此时，电力作为支撑经济社会发展的重要商品，其价格并不能准确反映市场供需关系，反而使电力市场效率有所偏差。虽然政府在输配电价改革方面卓有成效，但仍未能形成灵活的市场化的电价机制，只是使得进一步拆解销售侧"捆绑电价"并推行售电侧市场化改革成为可能，亟须推行售电侧市场化改革打通终端销售电价市场化这"最后一公里"。

三、电网统购统销和地方电价干预阻碍电力流通

（一）统购统销模式下，电网企业占据唯一垄断地位

此次电改前，销售电价由政府根据各地情况，按照不同电力用户、区分不同电压等级制定统一的销售电价目录，全国各地政府还根据本地情况实行丰枯电价、峰谷电价以及分时电价等具体的电价政策。实际上，这种"捆绑形式"的销售电价定价原则与"统购统销"的电价交易模式紧密联系。"统购统销"模式下，发电企业生产的电力只能销售给电网，而电力用户也只能通过电网购买所需电力，电网企业在电力购销交易中占据唯一的垄断地位。而电网企业的购售电价格均由政府制定，因此购销价差是电网企业的主要赢利手段。尽管 2005 年《电价改革办法》印发后，

燃煤机组上网电价形成机制由事后定价改为事前核定标杆电价，且此后标杆电价逐步被推广至风电、光伏、核电、生物质等发电领域，"一厂一价"的上网价格模式终止，大大提升了发电侧投资效率。但由于发电企业与电网企业签订购售电合同、并网调度协议，电网企业与用户签订供用电合同，这种交易模式使部分发电企业垄断购售电业务，不仅能源价格或能源生产效率提升的红利难以及时传达至用户端，而且阻碍了发电企业对市场电力需求的感知，这大大损害了中国电力行业的发展。

从法律关系来看，传统模式下发电企业与电网企业之间签订《购售电合同》，电网企业与用户之间签订《供用电合同》，均具有买卖合同的性质。然而，当前部分购售电合同存在条款不公平、要素不完整以及支付不到位等问题。据国家电力监管委员会办公厅发布《2010年度全国电力交易与市场秩序监管报告》[1]，众多电网企业在签订购售电合同时出现违规情况。具体而言，华东电网公司擅自删除了示范文本中涉及电网公司的违约责任条款。上海市电力公司对发电厂用电多收取容量电费共计 370 万元，严重违反有关规定。其他违规支付电费行为更为普遍，青海、新疆、宁夏、甘肃电力公司和贵州电网公司大量使用承兑汇票违规支付电费，最多占到对电厂支付合同费用的一半以上。南方电网公司在购售电合同中约定的电费结算条款没有严格参照范本和电

---

① 2011 年 8 月 31 日国家电力监管委员会办公厅发布《2010 年度全国电力交易与市场秩序监管报告》，最后访问日期：2023 年 9 月 20 日。

力监管机构的规定，存在电费结算滞后的问题。

（二）地方政府不正当干预电价阻碍电力高效流通

部分地方政府在电力市场运行中的不正当干预，不仅损害了众多电力企业经营，更阻碍了区域间电力资源的高效率流通。例如部分省份违反国家关于电价的相关管理规定，擅自修改输配电价核定办法，使用行政手段明确要求发电企业降低上网电价，甚至对高耗能企业直接采用优惠电价。还有各地普遍存在电费滞后结算、电费有争议的情况，不仅违反国家电监会对电费计算时间的相关规定，而且侵占了电力企业的合法权益，影响企业正常生产经营和会计核算。

综上，统购统销模式下电力企业垄断单一购售电业务，并且购售电合同存在条款不公平、要素不完整以及支付不到位等问题，更为关键的是地方政府在电力市场中存在干预现象，不仅损害了众多电力企业经营，更阻碍了区域间电力资源的高效率流通。

四、电力领域"管住中间、放开两端"改革路径逐步形成

为充分挖掘电力工业支撑国民经济发展的潜能，20 世纪 80 年代以来中国政府逐步解决了电力行业建设资金来源不足、电价模式单一、管制法律依据缺失等问题，初步奠定了电力体制市场

化改革的良好基础。2002 年，国务院发布《电力体制改革方案》（国发〔2002〕5 号）"电改 5 号方案"，指出电力行业垄断经营的体制性缺陷阻碍了经济社会发展，明确了深化电力体制改革的必要性。此次电力体制改革的总体目标是：打破电力行业纵向垄断格局，为发电侧引入社会资本参与竞争，通过市场竞争促进能源利用效率的提升，进一步降低发电用电成本，进而健全电价机制，促进电力资源优化配置和电力事业的发展。依据"电改 5 号方案"，原国家电力公司被拆分和重组为五个国有发电企业和两个国有电网公司，初步实现发电部门和输配电部门业务的纵向分离，构成政府在发电侧引入竞争的前提条件。进一步的，在电力体制改革方案指引下，2003 年国家电力监管委员会成立，其为国务院直属事业单位，根据国务院授权，行使行政执法职能，依照法律、法规统一履行全国电力监管职责。2004 年 4 月《关于东北区域电力市场上网电价改革试点有关问题的通知》发布，决定在东北区域电力市场实施两部制上网电价改革试点，以该项试点工作为基础，发电侧改革稳步推进。

在"电改 5 号方案"指引下，2004 年国家电力监管委员会、国家发展和改革委员会印发《电力用户向发电企业直接购电试点暂行办法》，该办法实质上打破了输电企业垄断购售电业务的局势，办法规定在相关试点电力大用户可以直接向发电企业购电，这是对直购电的初步探索，改变了输电企业作为发电企业唯一买方的局面。此后，《电力监管条例》正式出台，加之上网电价、输配电价、销售电价管理办法等多项政策的出台，构成电力体制市场化改革的阶段缓冲。直至 2005 年 12 月，《电力业务许可证管理规定》《电力市场运营基本规则》《电力市场监管办法》的正式实施，使电力市场的主体、交易机构、交易类型与方式更为明晰。至此，多项政策明确了电力市场的主体、交易机构、交易类型与方式，为政府解构电力市场，推行分层改革、分类监管奠定了基础。其中，《电力业务许可证管理规定》规定了从事发电、输电、供电类别业务的市场主体需申请其相对应的业务许可，而配电、售电业务许可不在此列。同年出台的《电力市场运营基本规则》则规定了电力交易市场主体、电力交易机构、电力交易类型与方式等，对前述规定进行了补充。

而在 2013 年，国家能源局与电力监管委员会进行了机构整合，并由成立的新机构制定和实施电力市场的管制政策，标志着电力行业从"政监分离"向"政监合一"模式的转变，保障并扩大了电力监管部门的监管权，成为持续推进电力体制市场化改革的有力支撑。2014 年，国家发展和改革委员会在深圳市开展输配电价改革试点，核准电网收入方法与国际接轨，标志着中国对电网企业监管方式的转变，这也为政府探索推进发电侧和售电侧市场化奠定了基础。2015 年 3 月，中共中央、国务院发布《关于进一步深化电力体制改革的若干意见》（中发〔2015〕9 号，下简称"9 号文"），指出电改应当按照"管住中间、放开两端"的体制架构，进一步完善政企分开、厂网分开、主辅分开，强调在以往电改成果的基础上放开配售电市场。2015 年底，国家发展和改革委员会、国家能源局发布了 6 部改革配套文件，包括：

《关于推进输配电价改革的实施意见》《关于推进电力市场建设的实施意见》《关于电力交易机构组建和规范运行的实施意见》《关于有序放开发用电计划的实施意见》《关于推进售电侧改革的实施意见》《关于加强和规范燃煤自备电厂监督管理的指导意见》，围绕电改体制架构就发电、输配电、售电、电力市场建设、电力交易机构运行等诸多方面进行细化规定。

综上，随着系列政策的实施，中国政府正拆分电力企业纵向一体化的垄断结构，逐步推进电力体制分层改革的目标，部分试点区域的发电侧、输配电侧改革已初显成效。尽管电力行业的纵向垄断行为在发电侧已被截断，中国售电侧电力市场仍存在众多问题，亟待围绕对应问题进行顶层规划，优化制度设计。而"9号文"及相关配套文件进一步明确和稳固了中国电力市场化改革"管住中间、放开两端"的战略方针和整体布局，即对具有自然垄断属性的输配电环节进行政府强有力的管制，实现发电、售电环节市场化竞争格局。

第 2 节　宏观指导：售电侧改革政策演变梳理

基于上述改革背景与内容梳理，本书使用文本分析法针对中国售电侧市场化改革政策文件内容进行凝练分析（详见附表 1）。依据售电侧市场化改革政策内容，划分改革阶段，具体见表 2.2 及图 2.1。

一、售电侧交易规则初步确定阶段：2015—2016 年

电力体制分层改革背景下，基于"管住中间、放开两端"的体制架构，售电侧市场化改革初期展开。在此阶段明确了有关售电侧市场交易主体以及交易方式，对售电侧市场化改革方向进行初步规划，并初步架构售电侧市场机制。该阶段的关键性政策文件以指导性政策为主，主要包括：《关于进一步深化电力体制改革的若干意见》（2015 年 3 月）、《关于印发电力体制改革配套文件的通知》（2015 年 11 月）、《售电公司准入与退出管理办法》（2016 年 10 月）、《关于印发电力中长期交易基本规则（暂行）的通知》（2016 年 12 月）等。

二、售电侧交易市场建设阶段：2017—2018 年

在初步明晰售电侧市场交易主体、中长期交易基本规则的基础上，此阶段重点推进电力交易市场建设。围绕中长期市场、现货交易市场开展系列工作，同时初步引导跨省区电力交易，关注电力资源的空间优化配置。关键政策文件主要包括：《关于开展电力现货市场建设试点工作的通知》（2017 年 8 月）、《关于积极推进电力市场化交易 进一步完善交易机制的通知》（2018 年 7 月）、《关于利用扩大跨省区电力交易规模等措施降低一般工商业电价有关事项的通知》（2018 年 7 月）、《关于健全完善电力现货市场建设试点工作机制的通知》（2018 年 8 月）等。此阶段政策

以指导型政策为主，鼓励型政策为辅。

三、电力交易市场机制动态完善阶段：2019—2020 年

此阶段，电力交易市场体系初步建成，政策更多聚焦于如何完善电力交易体系，包括各地采取各项激励政策优化电力交易营商环境；为电力交易机构引入社会资本，多元化其股权结构；引导地方政府"动态完善市场机制"，降低电力市场体系风险，提升电力市场交易稳定性，保障售电侧市场化改革收益等。值得关注的是，在此阶段中改革还通过将清洁能源消纳份额分摊至市场主体，促进绿电消费。关键政策文件主要包括：《关于明确涉电力领域失信联合惩戒对象名单管理有关工作的通知》（2019 年 4 月）、《建立健全可再生能源电力消纳保障机制的通知》（2019 年 5 月）、《关于推进电力交易机构独立规范运行的实施意见的通知》（2020 年 2 月）、《关于做好电力业务资质许可告知承诺制试点相关工作的通知》（2020 年 4 月）等。此阶段政策以"负面清单"、强制型政策为主。

四、市场交易规则统一与深化阶段：2021 年至今

此阶段，沿袭售电侧市场化改革既定蓝图，稳步推进改革进程，主要围绕清洁电能消费、全国统一电力市场建设以及电力企

业经营管理等，深层次、多领域推进售电侧市场化改革工作。关键政策文件主要包括：《绿色电力交易试点工作方案》（2021 年 8 月）、《省间电力现货交易规则（试行）》（2021 年 11 月）、《关于加快建设全国统一电力市场体系的指导意见》（2022 年 1 月）、《关于印发涉企违规收费专项整治行动方案的通知》（2022 年 6 月）、《关于加强南方区域清洁能源消纳监管的通知》（2022 年 11 月）、《电力现货市场基本规则（试行）》（2023 年 9 月）、《电力交易市场基本规则》（2024 年 2 月）、《电力中长期交易基本规则——绿色电力交易专章》（2024 年 7 月）等。不同于上述阶段，国家发展和改革委员会与国家能源局协同众多行政部门出台政策，且该阶段政策融合鼓励型与强制型政策，辅佐以指导型政策。

综上，中国售电侧市场化改革依据所铺设改革蓝图，分阶段、分重点推行政策，稳步推进售电侧市场化进程，改革阶段性目标、侧重点随时间演变具有较大调整。经过系统发展与调整阶段、提升阶段，当前中国售电侧市场化改革已迈入稳步发展阶段。未来多政府部门联合、深层次、多领域推进改革是售电侧市场化政策的预期演化方向，且政策不仅将在围绕电力交易体制设计、电力行业营商环境优化、电力经营主体管理深入推进建设工作，还将进一步开展全国一体化电力市场建设，促进绿电、绿色消费以及鼓励电力市场主体发展高附加值电力增值，辅助经营业务等。表 2.2 为中国售电侧市场化改革政策内容凝练与阶段划分。图 2.1 为中国售电侧市场化改革阶段图。

表 2.2 中国售电侧市场化改革政策内容凝练与阶段划分

发展阶段	售电侧市场化改革政策文件内容凝练
改革初期 "售电侧交易规则 初步确定阶段" 2015—2016 年	在此阶段中，众多政策的推行初步理顺电价机制，明确有关售电侧市场交易主体以及交易方式，并对售电侧市场化改革方向进行初步规划。通过制定相关文件，初步形成售电侧市场化改革的顶层设计，朝着市场化方向采取渐进性改革的方式，制定了一系列过渡性政策，如电价双轨制、电网企业代理购售电等，同时制定激励政策引导配电网投资和拓宽售电业务服务模式，为售电侧实现完全市场化蓄力
系统发展与调整 阶段 "推进电力交易市 场建设" 2017—2018 年	此阶段主要围绕电力交易市场建设，出台系列指导意见、鼓励型政策。持续推进电力中长期市场建设，初步开展电力现货市场试点工作，并进一步完善电力市场交易机制，如推进电力市场运营系统现货交易和现货结算工作。同时，逐步推进电力交易机构规范化建设，着重推进电力交易机构股份制改造。通过开展"获得电力"优质服务情况重点综合监管工作，优化电力市场营商环境。此外，基于电力中长期、现货交易市场，政府利用扩大跨省区电力交易规模等措施降低一般工商业电价，并期望实现电力资源在更大空间内优化配置的目标
提升阶段 "动态完善电力交 易市场机制" 2019—2020 年	此阶段，政策更多聚焦于提升电力市场交易稳定性，开始以"负面清单"、强制型政策辅佐售电侧电力体制市场化建设。首先，积极推进电力行业信用体系建设，推进涉电力领域失信联合惩戒对象名单管理，开展电力业务资质许可告知承诺制试点工作，以期优化电力业务营商环境。与此同时，通过修订《中长期交易基本规则》，丰富交易周期、品种和方式，提高了电力市场交易灵活性和流动性，增强中长期交易的收益稳定性，有助于规避电力市场体系风险

发展阶段	售电侧市场化改革政策文件内容凝练
	强调进一步优化交易机构股权结构，并规划各区域需逐步推进电力交易机构适应区域一体化要求，最终形成全国统一的电力交易组织体系。最后，还注重电力现货市场与中长期市场的衔接，提出"动态完善市场机制"的理念，规定市场起步初期可以采用临时性的行政干预措施。值得注意的是，此阶段还基于区域电力消费，设定可再生能源电力消纳，刺激可再生电能消费
稳步发展阶段"深层次、多领域推进改革"2021年至今	在此阶段，主要围绕清洁电能消费、全国统一电力市场建设以及电力企业经营管理深化市场化改革工作，国家发展和改革委员会与国家能源局协同众多行政部门出台政策，融合鼓励型与强制型政策优缺点，辅佐以指导型政策，沿袭售电侧市场化改革既定蓝图，稳步推进改革进程。首先，通过"绿证"等方式设定绿电交易市场准入门槛，明确绿电价格形成机制与交易方式。强调绿色电力交易的优先原则，鼓励新能源项目通过市场化交易竞争上网，鼓励新型储能自主选择参与电力市场。同时，引导区域绿色消费，并规定高耗能企业需采购最低比例可再生能源电力。不仅如此，还提出须加强对清洁能源消纳信息披露、调度管理等。其次，在持续推进电力交易市场建设的基础上，积极推进省间电力交易，推动全国电力统一大市场的构建。最后，实施电力业务资质许可告知承诺制、取消工商业目录销售电价、修订售电公司管理办法、开展涉企违规收费专项整治行动并实施电力行业网络安全管理办法，以期推动工商业企业全部参与售电侧市场竞争，优化电力业务营商环境，并保障电力系统安全稳定运行和电力可靠供应

信息来源：各政策发文机构网站。

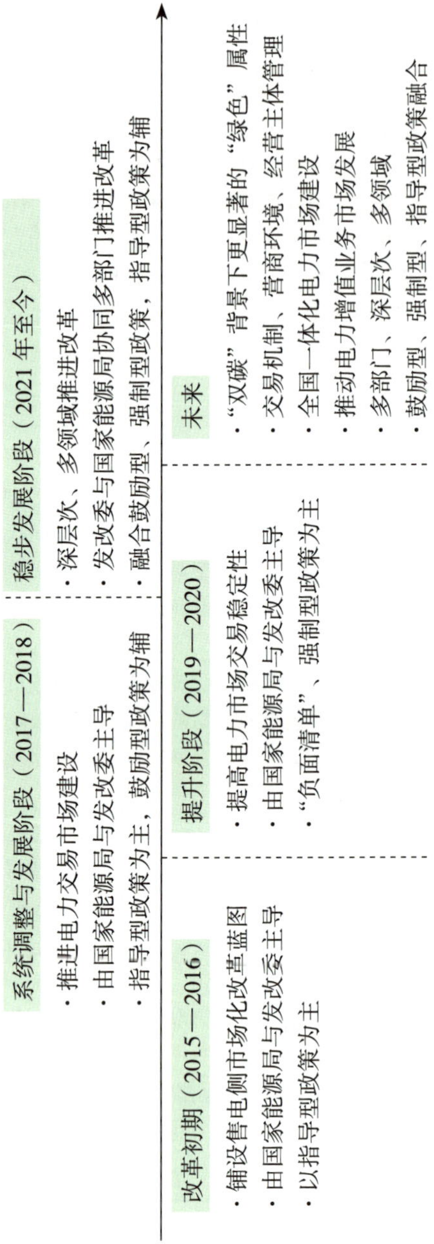

改革初期（2015—2016）
· 铺设电侧市场化改革蓝图
· 由国家能源局与发改委主导
· 以指导型政策为主

提升阶段（2019—2020）
· 提高电力市场交易稳定性
· 由国家能源局与发改委主导
· "负面清单"，强制型政策为主

系统调整与发展阶段（2017—2018）
· 推进电力交易市场建设
· 由国家能源局与发改委主导
· 指导型政策为主，鼓励型政策为辅

稳步发展阶段（2021年至今）
· 深层次、多领域推进改革
· 发改委与国家能源局协同多部门推进改革
· 融合鼓励型、强制型政策，指导型政策为辅

未来
· "双碳"背景下更显著的"绿色"属性
· 交易机制、营商环境、经营主体管理
· 全国一体化电力市场建设
· 推动电力增值业务市场发展
· 多部门、深层次、多领域
· 鼓励型、强制型、指导型政策融合

图 2.1　中国售电侧市场化改革阶段图

来源：作者制作。

第3节 核心要点：售电侧改革政策内容凝练

通过制度背景梳理不难看出，中国火电行业产能过剩局势显著，但清洁能源利用仍有待开发，电力生产与环境污染的矛盾亟待解决。并且，市场现行电价机制的灵活性较差，能源生产成本波动并不能够及时传达至售电侧，电力市场供需不能够反映在电价中。但输配电价改成效初显，这为进一步拆分销售电价"捆绑价格"奠定了基础。值得注意的是，售电侧市场中电力企业对单一购售电业务形成垄断，而地方政府的干预进一步提升了相关部门监管售电侧市场的难度。众多政策推行下，现阶段中国电力体制改革"管住中间、放开两端"的架构基本确立。其中，售电侧作为最贴近电力用户的业务端，其市场效率不仅直接影响用户的电能使用，更成为决定各层级电力体制改革红利能否惠及全社会的关键。为在售电侧形成有效竞争，发挥市场配置资源的决定性作用，以2015年《关于推进售电侧改革的实施意见》为指导，各省份获批陆续开展电力体制改革综合试点或售电侧改革试点工作，至此售电侧市场化改革拉开序幕。

回顾已有相关政策文件，不难发现早在"电改5号方案"中，政府已明确提出须分步推进电力体制改革。具体而言，将在完成发电企业"上网竞价"等改革后，通过设立试点的方式继续进行输配电改和售电侧改革。此后，"厂网分离""主辅分离""输配分离"等改革的推进均是为在发电侧与输配电侧引入竞争做准备。尽管"厂网分离"后，"竞价上网"的改革成效明显，初步奠定了发电侧市场化改革的基础，"输配分离"与"主辅分离"进展缓慢，这在一定程度上推后了售电侧市场化改革的议程。这是因为在实际执行过程中，整理电网企业辅业资产难度大、耗时长且易受人为因素干扰。而"输配分离"的难度则主要体现在短期内难以合理确定输电与配电资产，同时也有研究指出，输配电网技术存在依赖性，强行实施输配分离将损失纵向经济。因此，当前仍未能实现输、配电二者价格的清晰核算。总体而言，与"电改5号方案"既定方向略有偏差，以"输配分离"为代表的电力行业结构分拆已不再是中国电力体制改革的工作重点，"9号文"指引下政府将围绕促进市场交易这一目标布局售电侧电力体制改革路线。具体而言，现阶段售电侧市场化改革内容主要包括：建立多元、开放、清洁、有序的售电侧市场，突破市场隐性准入壁垒；变更销售电价定价原则，逐步形成市场化销售电价机制以及拓展售电侧市场交易形式，确立"中长期为主、现货为辅、绿电优先"的市场交易规则。

一、建立多元、开放、清洁、有序的售电侧市场

（一）打破电网企业的购售电垄断，放开售电侧市场准入壁垒

为了打破电力企业垄断单一购售电业务局势，2015年《关于推进售电侧改革的实施意见》（下称《意见》）针对售电侧市场主体及相关业务作出了明确规定。放开售电侧市场，激励社会资

本投资注册售电公司。当前各省电力交易中心注册成立的售电公司主要分为四种类型，一是电网企业注资成立的售电公司，二是电厂背景的售电公司，三是此次电改中社会资本投资区域配电网后成立的售电公司，四是社会独立的售电公司。同时，《意见》特别强调并鼓励拥有分布式电源的用户和节能服务公司开展售电业务。事实上，分布式能源具有"定向输送，协同供电，就地生产，就近消费"的特点，具备很好的控制性、安全性、经济性和环保功能，这使"光伏分布式售电＋服务"模式成为民营资本进入售电业务最容易的切入点。并且，由于2015年底光伏市场的电站建设模式从并站开发向多站开发转变，使得预期投资光伏发电的资本被限流，民营企业进入大型光伏并网电站投资领域技术和准入困难加剧，全面转型进入分布式光伏发电市场将成为趋势。市场环境的转变给"光伏分布式售电＋服务"提供了良好的发展基础。因此，《意见》使得民营资本在长期垄断的售电业务部分打开缺口，让售电业务民营化成为可能。

（二）明确售电侧主体进入和退出机制，强调"清洁门槛"准入条件

在明确售电侧市场主体及相关业务后，《意见》针对售电侧市场的进入退出机制作出系列规定，除具有独立法人资格外，售电公司的资产总额与其可以经营的售电量应当匹配。意见还具体规定了售电公司的申请资格，包括设备条件、人员条件、业务许可证条件以及经营场所条件均需具备方可申请。对售电公司准入规

模、人员以及资产进行限定是为了保障电力供应的可靠性，防范改革初期许多未知的风险。改革初期明确不同资产水平对应的年可售电量规模，则是为了进一步确保售电市场规范运行。针对直接交易用户，《意见》还进一步强调了发电企业、电力用户以及售电公司进入售电市场的"清洁门槛"（见图 2.2）。规定有助于政府进一步引导电力企业优化生产经营，降低单位能耗，进行末端治理。另外在《中长期交易规则》第十四条中也规定了有关电力直接交易的市场准入条件指明，发电企业的准入条件之一为：符合国家产业政策，国家规定的环保设施正常投运且达到环保标准要求，电力用户准入条件的准入条件之一为：符合国家和地方产业政策及节能环保要求，落后产能、违规建设和环保不达标、违法排污项目不得参与，这成了电力企业优化生产经营的又一激励。

（三）售电侧市场主体准入实行公示制，而非审批制

围绕市场主体准入，《意见》指明不再实行行政审批制度。市场主体只需向各地省级政府或授权部门提交入市申请及相应材料，由部门授权，并将信息向社会公示，公示期满无异议的市场主体，即可被纳入电力交易市场主体动态管理目录中。2016 年，国家发展和改革委员会和国家能源局印发《售电公司准入与退出管理办法》，其进一步明确了售电市场主体中售电公司的准入程序。该办法规定，售电公司入市注册业务办理由各省电力交易中心负责，已经依法成立的售电公司可以自主选择电力交易中心进行注册申请，电力交易中心负责为申请入市的售电公司办理入市

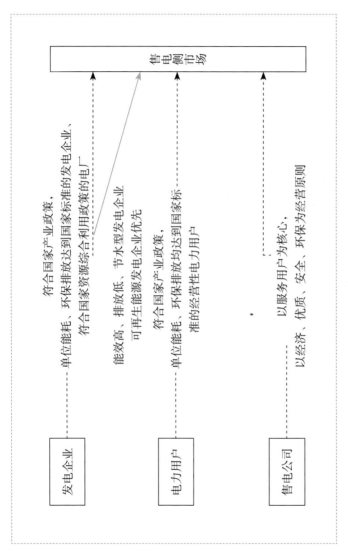

图 2.2 售电侧市场主体准入"清洁门槛"示意图

来源：作者根据文章内容绘制。

手续，包括签订信用承诺书，审核售电公司营业执照、资产证明、场所、设备、账户、法人代表及工作人员等证明材料。注册完成后，各省电力交易中心将拟入市的售电公司信息登记在"信用中国"网站上，进行为期一个月的公示。

（四）明确了售电侧市场主体强制退市制度

《意见》明确了售电企业的退出制度，凡是电力交易市场主体出现以下三种情形之一，即被强制退市：一是违反国家法律法规的售电公司，二是严重违反电力交易相关规则的售电公司，三是申请破产清算、倒闭的售电公司。退出售电市场的售电公司须由省政府或其授权部门将其清出目录，由省级电力交易中心为其取消注册，并向社会公示。有关售电公司须强制退出市场并注销注册的违规条例均在《售电公司准入与退出管理办法》中具有明文规定。特别地，2019 年国家产业部下发《国网产业部关于公司系统集体企业退出售电业务的通知》，该文件明确要求国家电网系统内部的集体企业不得开展售电业务，并且对于已经从事售电业务的企业，要求其限期退市。集体企业退出竞争性售电业务成了深化电网主辅分离工作的又一重大推进，有助于构建售电侧市场竞争体系。

综上，《意见》不仅对售电侧市场主体及相关业务作出了规定，还进一步明确了售电侧市场的进入退出机制，特别地政府鼓励社会资本尤其是达到"清洁门槛"的售电主体以及分布式电源的用户等从事市场化售电业务，意图通过培育多元化市场主体的方式，建构一个多元、开放、清洁、有序的售电侧市场竞争布局。

二、逐步形成市场化销售电价机制

（一）打破"统购统销"模式下政府核定"捆绑价格"，破除电力企业赚取差价的赢利模式

电改前"统购统销"模式下，单一购售电业务被部分发电企业垄断，"捆绑电价"实则部分丧失了电力价格对市场供需的调节效力。为了拆解"捆绑价格"，打破电力企业赚取差价的赢利模式，《意见》主要从交易模式、交易价格、交易分工三个方面进行规定。

首先，文件规定了售电市场的交易模式的类型，根据交易量的大小可以分为批发交易和零售交易；根据交易对象是否固定可以分为双边协商交易和集中竞价交易；根据交易主体类型可以分为代理购电交易和直接交易。

其次，文件规定了售电交易价格的逐步市场化机制，在政府已经放开发用电计划的部分可以通过上述交易方式确定市场化的交易电价。另外，由于全国各地区输配电价核定工作尚在进行中，还未单独核定的地区仍按照电网企业确定的购销价差确定输配电成本。因此，终端电力用户购电价格为市场化电价加上输配电价（或电网购销差价）以及政府性基金。

最后，文件规定了各售电市场主体的交易分工，其中电力交易中心负责提供售电交易平台，促成电力交易，并为交易提供交

易记录、结算依据等其他辅助服务；发电公司、电网企业、售电公司和用户严格遵守电力交易相关规则，按照各自签订合同约定的权利义务进行交易；电网企业目前承担代理购售电业务、保障电力输送、调配及供应，并负责收取输配电费，结算交叉补贴及政府性基金。既然"准许成本 + 合理收益"的输配电价模式已确立，因此《意见》发布后，电力市场上的供需双方可以通过多种市场化交易方式进行交易，市场化形成的发电侧市场电价和用户侧市场电价可以互相确定。

（二）工商业用电先行，逐步放开市场化销售电价，过渡阶段采用"双轨制"电价体系

值得注意的是，当前，中国将"双轨制"电价体系（见图 2.3）作为过渡阶段的价格管理机制，即政府定价与市场价格并存，存在"计划"电价和"市场化"电价，一般而言，两套电价体系相互独立。推行"双轨制"电价体系目的，一是促使客户提高设备利用率；二是合理分担电力企业向用户提供供电服务时需备用的发、供电设备容量成本。

目前，中国售电侧市场化改革主要是放开了全部的工商业用电。具体而言，农业用电、居民用电、重要公用事业用电以及公益服务性用电等尚未放开，其用电需要有限保证，价格依旧由政府设定。而部分大工业用电以及部分一般工商业用电已经放开，其能够通过市场交易获得用电量。同时，可以关注到输配电价也由终端用户负担，这是由于输配电成本构成复杂，其中损耗成本

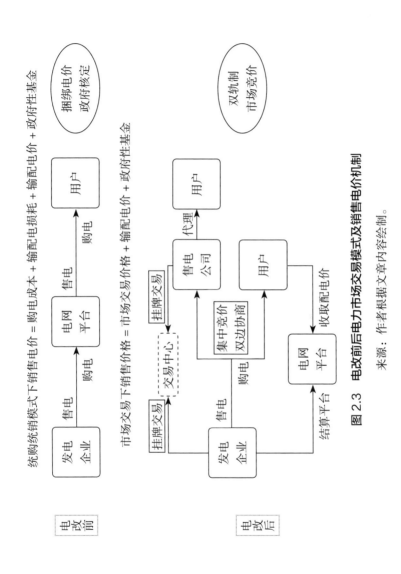

图2.3 电改前后电力市场交易模式及销售电价机制

来源: 作者根据文章内容绘制。

与用户用电量密切相关，而电网投资等固定成本与用户用电负荷量有关，因此依据电量以及电压核定输配电成本不仅有助于在电网使用者间公平分摊使用成本，更保障电网企业的合理成本能够得到一定弥补，并获得合理收益。而有关销售电价中的"政府性基金"，主要包括一些和电力行业相关的社会成本，如可再生能源支持政策成本等。因该类政策具有重大的社会效益及经济效益，众多国家均选择由全体电力用户来共同分担其成本。

综上，按照《意见》规定，终端电价的"捆绑模式"被拆解，电价中的市场交易价格成为售电侧电价发挥市场调节作用的关键。此后电力市场中，发电企业和售电公司（或电力用户）间可以通过协商、竞价、挂牌等多种市场化方式开展批发交易，形成电力批发价格。同时，售电公司也可以与其代理的电力用户进行协商，根据用户用电特点制定针对性强、个性化的电力零售合同，并提供相关配套服务。此外，售电公司还可以与分布式电源企业以及微网用户签订代理购电合同，形成代理购电价格。各种市场化电力交易价格直达用户端，充分发挥市场调节电价的作用。

三、确立"中长期为主、现货为辅、绿电优先"的市场交易原则

（一）建立电力交易中心，提供电力交易运营管理等服务

以《意见》为指导，2016 年 3 月 1 日，中国区域性电力交

易中心率先在北京和广州同时挂牌成立，前者为国家电网全资子公司，后者为南方电网绝对控股的混合所有制公司。区域性电力交易中心的成立为此后各省份电力交易中心的成立奠定了良好的基础，继北京、广州电力交易中心之后，各省份均陆续成立了省（自治区、直辖市）电力交易中心，负责搭设售电市场交易平台，并进行日常运营和管理，包括相关市场主体注册、审核、公示、退市、信用披露、交易结算等。电力交易中心不以营利为目的，在政府监管下为市场主体提供规范公开、透明的服务。

（二）发布电力中长期交易规则，明确交易模式、价格，并限制地方政府干预

2016 年为了加快推进电力市场建设，规范各地电力中长期交易行为，国家发展和改革委员会、国家能源局印发《电力中长期交易基本规则（暂行）》。该规则首次明确了中长期电力交易的主导地位，并为后续电力现货市场的建设确定时机、积蓄力量。文件指出中长期交易包括电力本地交易及跨省跨区交易，电力直接交易及转让交易，并特别强调中长期电力交易价格需由市场交易确定，原则上对交易价格不设上限和下限，排除地方政府或其他第三方的不正当干预。2020 年修订后《电力中长期交易基本规则》针对第三十二条作出更改，特别针对地方政府干扰作出规定（第四十四条），对于满足设定双边协商交易价格上、下限条件时，特别规定设置上下限必须是由相应电力市场管理委员会提出，为避免地方政府的不正当干预，还必须经国家能源局派出机构和政府

有关部门审定方能确定，进一步约束政府干预中长期电力市场交易的行为。

（三）开展现货交易试点，形成现货市场发现价格机制，坚持"中长期交易为主、现货交易为补充"的市场建设原则

尽管中长期市场为有助于电力购售双方提前锁定大部分交易量及其价格，避免现货市场价格风险，以比较稳定的价格达成交易，电力现货市场的价格发现机制无可替代，其不仅有助于真实反映当前电力商品的供需关系，还能够弥补中长期合约关系下企业出现的短期电力需求。为此，2017 年 9 月，为弥补电力中长期交易的不足，真正实现电力商品属性，《关于开展电力现货市场试点工作的通知》正式印发，电力现货市场终于登上售电侧改革的舞台，首批确定了浙江、山东等 8 个电力现货市场改革试点。通过不断尝试摸索，中国售电侧市场化改革进入电力现货市场建设阶段，各试点地区纷纷制定现货市场实施办法，各地现货市场试运行开始。现货交易的地方性差异主要显现在市场模式的选择上，"分散式"市场需要实物物理执行，规则简单，但对电网架构和网络流畅度要求高，更适用于网架坚强、网络阻塞较轻的地区，如内蒙古西部。而"集中式"市场模式，采用差价合约管理市场风险，无须物理执行，对售电主体成熟度要求较低，适合资源配置效率更高、监管难度较小的地区，如广东、浙江、山东等地。虽然电力现货市场运行尚未稳定，各地交易规则、模式存在较大差异，但均秉持"现货交易发现价格"的思路，循序渐

进地构筑现货交易平台。

（四）明确绿色电力优先的交易原则

在 2021 年 8 月国家发展和改革委员会、国家能源局发布《绿色电力交易试点工作方案》，明确了绿色电力在电力市场交易和电网调度运行中优先组织、优先安排、优先执行、优先结算的原则。2022 年 1 月 18 日《关于加快建设全国统一电力市场体系的指导意见》（发改体改〔2022〕118 号），2022 年 5 月 14 日《关于促进新时代新能源高质量发展的实施方案》（国办函〔2022〕39 号）均提出要以市场化方式发现绿色电力的环境价值，体现绿色电力在交易组织、电网调度等方面的优先地位，进一步强调了绿电交易的优先地位。2022 年 1 月 18 日，国家发展和改革委员会等部门发布《促进绿色消费实施方案》（发改就业〔2022〕107 号），提出要发挥行业龙头企业、大型国有企业、跨国公司等消费绿色电力的示范带动作用，建立绿色电力交易与可再生能源消纳责任权重挂钩机制和绿电交易和绿证交易、碳交易的市场衔接机制。这些措施都将进一步加大企业购买绿电的需求，有利于激发绿电交易市场的活力。绿色电力交易价格根据绿电供需形成，应在对标当地燃煤市场化均价基础上，进一步体现绿色电力的环境价值，在成交价格中分别明确绿色电力的电能量价格和绿色环境价值。2022 年广州电力交易中心、北京电力交易中心分别发布区域绿色电力交易规则，分别规定了绿电交易标的和售电主体、购电主体、交易方式、交易价格、市场范围、合同签署、合同执行、结算、绿证核发、划转等事项。

综上，售电侧改革后，中长期与现货市场相辅相成，绿色电力优先交易地位确立，有助实现电力能源的优化配置。电力现货交易有助于反映不同时段、不同节点的边际发电成本和供需情况，引导电力资源优化配置，并为市场主体投资、开展电力期货交易等提供价格信号，传导市场价格，作为中长期电力交易的"价格使者"，为其提供电价锚点。同时，现货交易波动较大，中长期交易有助于为交易双方"锁定风险"，平稳推进电力市场交易。而绿色电力优先原则确保了可再生能源电力不论是在电力交易，还是在电网调度中的优先地位，有利于电力行业尽快降碳脱碳，促进经济的绿色可持续发展。

四、推动电力跨区域交易体系建设

（一）中国电力资源供需分布不平衡，跨省跨区交易有利于电力优化配置

各省份建立省级电力交易中心后，在本省份交易中心注册的省内电厂、售电公司和用电企业之间进行省内交易均通过交易中心负责组织，这使得电力市场化局限于本省。尽管省内交易在某种程度上打破了当地电网的供电垄断，因中国电力资源与电力消费的区域间分布不平衡局势显著，区域市场内供求主体选择权依旧有限、售电侧市场化的资源优化配置作用不佳。而跨省跨区

交易能够促进电力资源在更大范围内流通，能够通过进一步扩大市场交易范围，实现"电力资源共享，用电市场共享"，进而促进电力资源大范围优化配置和清洁能源消纳。然而，跨省跨区市场化交易落地复杂且困难，不仅需要实质放开省间主体交易限制，构建省间统一的电力交易规则，还依赖于跨省跨区电网建设水平、先进灵活的电网调度能力以及公平有序的电力交易价格机制等的有力保障。因此，2015 年 5 月国家发展和改革委员会出台《关于完善跨省跨区电能交易价格形成机制有关问题的通知》，为跨省跨区电能交易制定了市场化规则。

值得关注的是，随着电力中长期市场交易制度的完善以及电力现货市场建设的推进，众多试点省份之间发展出了省间现货市场，这极大地调动了电力资源在更大范围内流通，将电力配置优化提升到了国家维度。例如，2018 年国家电网有限公司召开甘肃、山西电力现货市场试运行启动暨 2019 年省间年度交易开市仪式。此后，山西采用"风火打捆"的方式，以低排放燃煤机组和风电等新能源机组为重点参与省间现货市场，充分发挥其煤电基地优势；甘肃省利用地理优势，建立跨省跨区增量现货交易系统，成功为他省输送了本地未能消纳的绿色电力，提高了绿电消纳水平。广东、浙江、山东等试点区域虽暂未建立省间现货市场，但均通过"点对网""网对网"等方式把外来电纳入省内现货市场交易中。

2020 年国家能源局综合司发布《关于开展跨省跨区电力交易与市场秩序专项监管工作的通知》，初步奠定了推进跨省跨区电力交易的基础。2021 年 11 月国家电网印发了《省间电力现货交易规则（试行）》，明确了跨省电力现货交易的规则，不仅放开售电公司、用户参与省间电力现货交易，还首次建立起基于经济关系的省间电力交易衔接机制。同时，计划在国家电网公司和内蒙古电力公司范围内进行试点。2022 年 6 月，中国南方区域电力市场试运行，电力现货交易由广东拓展到云南、贵州、广西、海南，实现中国南方五省区的电力现货跨区跨省交易。尽管省间电力现货交易有助于推动电力余缺互济，促进能源优化配置，但实践中电力充裕省份发电厂商受益显著，省间电力现货价格持续高位，缺电省份用电成本大幅上涨。以山西省为例，2022M8 省间电力现货月度均价近 3000 元 / 千瓦时。缺电省份持续购入高价外来电，致使用电成本高涨：浙江省 2022M7 电力市场总体亏损 49.9 亿元；四川省 2022M8 火电电量交易电价（省内 + 省间交易加权均价）高达 717.63 元 / 千瓦时，环比增长 37.5%。因此，总体来看跨省跨区电力现货交易在缓解部分用电短缺省份需求压力的同时，抬高了缺电省份的用电成本，使电力充裕省份机组受益于省间现货交易溢价，长期来看不利于区域间电力资源的互济共享。

（二）加快建设全国统一电力市场体系

2022 年 1 月，国家发展和改革委员会、国家能源局印发《关于加快建设全国统一电力市场体系的指导意见》，明确通过加强与完善跨省跨区电力交易机制，推动全国电力统一大市场的构建。文件强调，要进一步加快全国各地区、各市场主体交易规则、交易模式、价格形成机制等方面的统一和衔接工作，不断提高全国范围内电力交易市场化水平，优化完善跨省跨区电力交易、电力输送、电力调度机制，最大限度地通过各种电力输送、交易方式，让各地富余的电力资源进入短缺地区的通道，把以前被抛弃的可再生能源电力输送到绿电偏好的地区，在最大范围内优化电力资源配置，实现电力共享互济。

综上，跨区域电力交易市场的建立不仅为发电企业与电力用户提供了更多选择，部分区域的市场准入机制还成为电力企业优化经营效率，实现清洁生产的激励。更为关键的是，省间日内电力现货交易由跨区电力现货交易的"询价模式"改为"竞价模式"，使得电力交易价格的形成机制更加合理，有利于反映供需形势，发挥市场的价格发现作用，实现区域间电力资源的优化配置。

第4节 困境揭示：售电侧改革遭遇挑战

一、售电公司赢利模式单一导致大量退市

《意见》通过明确售电侧市场主体及相关业务，建立售电侧市场进入退出机制，削弱了售电侧市场的隐性壁垒，放开准入门槛后社会资本纷纷涌入百亿售电市场，一时间售电市场中形成售电公司成立潮。但是，由于售电侧改革初期，售电公司未能找到长久、可持续的赢利模式，售电公司惯性地走上电网企业吃购销

价差的老路。由于售电公司赢利模式单一，且不可持续，加之偏差考核风险，2018 年以后又形成售电公司退市潮。根据 2000—2022 年中国售电行业企业数据[①]，不难发现 2015 年售电侧市场化改革推行后，售电企业成立数量显著攀升，2015—2017 年中国售电企业数量显著提高，在 2017 年新增企业数高达 4068 家。然而，自 2018 年起新增企业数量具有稳步下降趋势，截至 2022 年 10 月 17 日，中国售电侧新增企业数量为 211 家。出现上述结果的原因可能是，售电市场准入壁垒的降低吸引部分投资者关注，其具有动机抢占售电市场发展先机，使得短期内大量资本涌入售电侧市场，售电公司数量猛增让市场竞争变得异常激烈，低价竞争策略成为售电公司争夺业务，立足市场的主要手段。然而，随着售电侧市场化改革持续推进，电力产能过剩现象得到初步缓解，不断压缩市场价与基准价差，进一步挤占售电公司赢利空间，售电企业的经营压力不降反增。

据 2018 年广东电力交易中心公布的数据，在 6 月的月度集中电力竞价中，统一出清价差为 -0.0393 元/千瓦时，这意味着广东省售电公司每售出一度电，收益不足 4 分钱。进一步的，包

[①] 数据来源：企查猫前瞻产业研究院，统计时间截至 2022 年 10 月 17 日（上述企业为存续及在业的企业）。

售电公司数据源自中国企业数据库（企查猫），存在一定的统计误差。

售电公司筛选过程：首先，检索关键词"售电公司"；其次，若企业名称、产品服务和经营范围中包含"售电公司"字样，认为属于售电公司。

括《关于印发售电公司管理办法的通知》（发改体改规〔2021〕
1595号）①在内的售电侧市场经营主体管理政策陆续出台，使售
电市场不可避免迎来"洗牌"局面。2021年6月15日，光是广
东电力交易中心一家就启动了266家售电公司的强制退出程序。
到该年年底时，其先后两次清理的售电公司比例高达60%。售电
公司大批量自愿或非自愿退出市场的现象并非为孤例：2022年
海南电力交易中心发布公告称，山西润山实业有限公司等三家售
电公司自愿退出海南电力市场（海南交易〔2022〕57号）；2023
年2月8日，昆明电力交易中心发布关于公示云南滇中新区配售
电有限公司等5家售电公司拟退出云南电力市场的通知（昆明交
易〔2023〕42号）；2023年2月21日内蒙古电力交易中心有限
公司发布公告称，启动了蒙西电力多边交易市场售电公司持续满
足注册条件核验工作，经对市场内售电公司业务开展情况进行
梳理，截至2023年1月31日，内蒙古电力多边交易市场中因连
续12个月以上没有在电力交易中心进行任何实质性的电力交易，
24家售电公司被暂停交易资格。

　　综上，售电侧市场化改革虽在短期内显著推进社会资本投资
经营售电业务，但加剧了售电市场的竞争压力，改革初期售电市
场一度陷入一种低价无序竞争旋涡中。随着政策的推进，售电侧
市场退出机制更加完善，资本成立售电企业的热情趋于理性，加

---

① 2021年11月11日国家发展和改革委员会、国家能源局关于印发《售
　电公司管理办法》的通知，最后访问日期：2023年9月20日。

之售电公司尚未形成全方位服务体系，赢利模式单一，导致出现大量售电公司集体退市情形，售电公司成立数量也逐年减少。

二、售电新型垄断势力形成

根据"9号文"的规定以及售电公司的成立背景，售电公司主要分为四类。通过表 2.3 对四类售电公司优劣势进行分析，可以明显看出独立售电公司在其中具有绝对的劣势地位。事实上，综合比较四类售电公司的成立背景可以看出，具有电网背景的售电公司、具有发电企业背景的售电公司以及具有配电网经营权的售电公司已然形成售电领域新型垄断格局。社会独立售电公司由于毫无相关背景，加之目前中国售电侧市场化改革只放开了工商业电力用户，且改革从大用户开始逐步放开中小用户，缺乏独立售电公司适合受众用户，导致独立售电公司在竞争强压下纷纷倒闭。

表 2.3 售电公司类型划分及优劣势说明

售电公司类型	具体说明	优势	劣势
电网售电公司	由电网企业成立的售电企业，依靠电网垄断地位和代理购电业务，需承担保底供电服务	配网＋用户＋服务	电源
发电企业售电公司	由发电企业成立的售电公司，拥有电厂资源，无须承担保底供电服务	电源＋用户	配网＋服务

续表

售电公司类型	具体说明	优势	劣势
园区售电公司	拥有一定区域内配电网经营权，需承担保底供电服务	配网＋用户＋服务	电源
社会独立售电公司	没有以上相关背景的售电公司，无须承担保底供电服务	服务	电源＋配网＋用户

尤其是电网企业代理购电对售电公司冲击最大，其电价一度低于售电公司售价，导致售电市场陷入低价无序竞争。2021 年 10 月 23 日国家发展和改革委员会办公厅印发了《关于组织开展电网企业代理购电工作有关事项的通知》（发改办价格〔2021〕809 号）[1]明确虽然国家政策层面主导的是以有序的市场化竞争方式，但售电板块的业务需逐步放开，未能参与电力市场交易的用户可以通过电网企业代理购电。根据电网企业公布的代理购电用户电价结构分析（见图 2.4），取消目录电价后，电价的计算方式为用户电价 = 代理购电价格 + 输配价格 + 政府基金及附加，其中代理购电价格 = 平均上网电价 + 辅助服务费用 + 其他。

---

[1] 2021 年 10 月 23 日国家发展和改革委员会办公厅印发了《关于组织开展电网企业代理购电工作有关事项的通知》（发改办价格〔2021〕809 号），最后访问日期：2023 年 9 月 20 日。

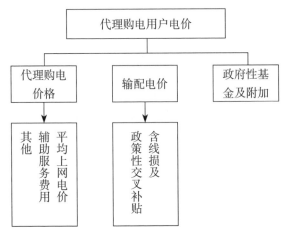

图2.4 电网企业代理购电用户电价

由图2.4可见，在正当的市场竞争环境下，电网企业代理购电价格不可能低于绝大多数售电公司的上网电价。但实际上，在代理购电实际的执行过程中，部分省份并没有按照国家发展和改革委员会的政策去执行代理购电价格标准，导致售电公司电价平均水平远远高于电网企业代理购电价格，变相控制电力用户继续电网企业代理购电模式。

另外，全国范围内各省的电力交易中心绝大部分为电网企业绝对控股，也存在售电交易垄断风险。目前除了北京和广州两个区域性的电力交易中心外，全国省级电力交易中心共有33个，其中国家电网旗下28个，均为国网独资；南方电网旗下6个，其中广东电力交易中心为全国唯一一家有社会资本参股的省级电力交易中心，其余均由南方电网绝对控股或独资设立。另外，全国仅有一家电力交易中心［内蒙古（东部）电力交易中心］为当地政府国资委控股。

综上，售电公司的成立背景及业务优势形成了以电网背景售电公司为首的售电新型垄断格局，造成对社会独立售电公司非常不利的局面。另外，各地电力交易中心绝大部分由电网企业控制，更加剧了该种垄断势力的扩张。

三、绿电交易提升但能源结构未实质改变

（一）售电侧改革后，电力生产、消费及交易稳步提升

据中国能源统计年鉴数据，2009—2020 年中国电力生产与电力消费增长速度变动如图 2.5 所示。可以发现，2009—2014 年，中国电力生产与电力消费的增长速度显现波动下降态势，这可能是由于当时电力市场产能过剩特征显著，但电价机制并未与能源生产契合，抑制了电能消费。直至 2015 年，电力生产与电力消费增速为最低值。售电侧市场化改革后，2015—2018 年中国电力生产与电力消费的增长速度稳步提升，尽管 2019—2020 年增速放缓，但考虑到新冠疫情的潜在影响，依旧认为售电侧市场化改革能够推动电力生产与电力消费。根据图 2.6 显示，售电侧改革后，中国 2016—2021 年电力市场交易量稳步上升，2022 年由于疫情影响稍有下降。

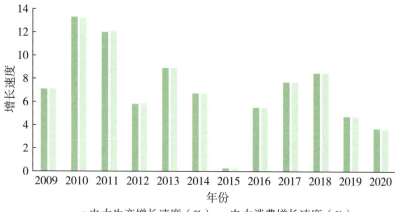

图 2.5 2009—2020 年中国电力生产与电力消费增长速度

数据来源：中国能源统计年鉴。

图 2.6 2016—2022 年中国市场交易电量及变化趋势图

数据来源：中电联前瞻产业研究院。

（二）售电侧改革后，新能源发电规模、发电效率持续提高

据前瞻产业研究院数据，2010—2019 年中国新能源发电累计装机容量变动如图 2.7 所示，售电侧市场化改革后，中国新能源发电规模持续大幅提升，2015 年至 2019 年间，涨幅始终保持在 15% 左右。截至 2019 年底，新能源发电占全国总装机容量的比重首次超过五分之一。分析中国新能源发电量及占比数据图（见图 2.8），可以发现，2010—2019 年中国新能源发电量持续上升，由 748 亿千瓦时（1.6%）增长至 6302 亿千瓦时（8.6%），售电侧市场化改革后，中国各年度清洁发电占比显著提高。不仅如此，2015—2019 年中国新能源弃电量与利用率图显示（见图 2.9），售电侧市场化改革后，中国总体新能源利用率水平持续

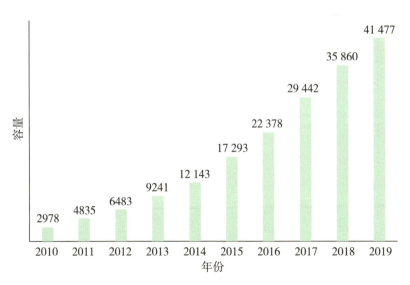

图 2.7　2010—2019 年中国新能源发电累计装机容量（单位：亿千瓦）

数据来源：前瞻产业研究院。

图 2.8　2010—2019 年中国新能源发电量及占比

数据来源：国网能源研究院前瞻产业研究院整理。

图 2.9　2015—2019 年中国新能源弃电量与利用率图

数据来源：国网能源研究院前瞻产业研究院整理。

增长。尤其在 2019 年，中国新能源消纳矛盾进一步缓解，新能源弃电量为 215 亿千瓦时，同比下降 35.2%，利用率高达 96.7%。上述结果表明，近年来，中国新能源发电规模显著提升，新能源发电效率持续优化。

（三）售电侧改革后，绿电交易显著提升

从绿色用电视角分析售电侧市场化改革现状。据前瞻产业研究院数据分析，2017—2020 年中国新能源省内交易电量规模变动情况（见图 2.10）显示，在此期间国家电网经营区完成新能源省内市场化交易电量整体呈现上升趋势。2020 年，国家电网经营区完成新能源省内市场化交易电量 657 亿千瓦时，同比增长 15.1%。其中，电力直接交易电量、发电权交易电量分别为 534 亿千瓦时、123 亿千瓦时。而 2017—2020 年中国新能源跨省交易电量规模图显示（见图 2.11），2019 年新能源市场化交易量 1451 亿千瓦时，同比增长 26.2%。其中，新能源省间交易电量达到 880 亿千瓦时，同比增长 21.8%。新能源省内市场化交易量 571 亿千瓦时，同比增长 34%。描述性分析结果证实，售电侧市场化改革后，中国清洁电能消纳水平显著提升，省内与省间的新能源交易电量规模均显著增长。

尽管售电侧改革后，电力生产交易、绿电生产交易均有提升，但中国以火电为主导地位的电源结构仍未被撼动，新能源累计发电占比占总装机比例为五分之一，能源结构未有实质性改变。

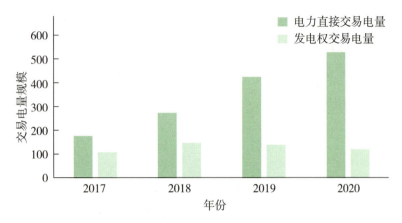

图 2.10 2017—2020 年中国新能源省内交易电量规模
（单位：亿千瓦时）

数据来源：前瞻产业研究院（数据范围为国家电网经营区内）。

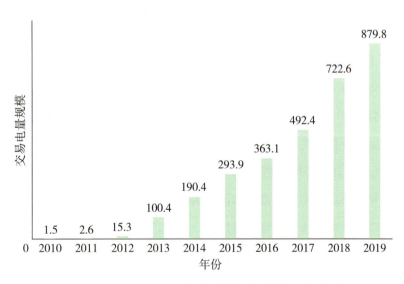

图 2.11 2010—2019 年中国新能源跨省交易电量规模
（单位：亿千瓦时）

数据来源：前瞻产业研究院。

四、省间电力市场交易壁垒严重

众所周知，中国电力资源在空间上存在供需分布不平衡的现象，必须通过推动电力跨区域交易的方式，实现电力供需互济。然而，目前中国区域市场间电力交易仍存在严重的市场壁垒，严重制约了电力资源在全国范围内自由调度、供需互济。通过观察2021—2022年全国各区域电网企业代理购电平均价格变动结果（图2.12）可见，各省份间电力交易存在严重壁垒，电力价格差异明显，最高价与最低价差距有300元之多。

如图全国33个区域电网企业的代理平均购电价格为418.22元/兆瓦时，最高值为上海（549.16元/兆瓦时），最低值为云南（219.06元/兆瓦时）。综合来看，平均代购电价格较高（大于500元/兆瓦时）的区域有：上海、广东、深圳、浙江、海南。而平均代购电价格较低（小于300元/兆瓦时）的区域包括：宁夏、新疆、青海、云南。同时，据北极星售电网数据，2022年全国各区域电网企业工商业代理平均购电量为535.19亿千瓦时，最高值为广东（2504亿千瓦时），最低值为青海（65.93亿千瓦时）。综合来看，平均代购电价格较高（大于1000亿千瓦时）的区域有：上海、广东、山东。而平均代购电价格较低（小于200亿千瓦时）的区域包括：吉林、新疆、海南、内蒙古东部、宁夏、青海。综合来看，当前中国各区域间代理购售电电价与代理购售电电力消费差异显著。

综上，售电侧市场化改革后，跨省跨区交易制度持续完善，但仍存在比较严重的市场交易壁垒。

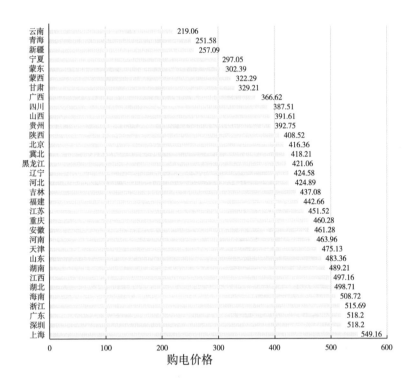

图 2.12　2021—2022 年全国各地区电网企业代理购电平均价格 ①
（单位：元 / 兆瓦时）

数据来源：北极星售电网。

① 此表是 2021—2022 年各电网企业代理购电价格，冀北电网和河北电网是两个不同的电网系统，它们在地理范围、供电范围和管理机构等方面均有区别。

五、地方电力立法滞后且层级偏低

党的十八届三中全会《关于全面深化改革的决定》中明确全面深化改革需要法治保障。我国政府强调，凡属重大改革都要于法有据。中国售电侧市场化改革同样必须在法治轨道上推进。目前全国范围内，不论中央还是地方，对于电力领域的相关立法，存在层级低、滞后性严重等问题，落后的电力立法与不断深化的电力体制改革之间存在尖锐的矛盾。2024年2月8日国家发展和改革委员会正式发布《供电营业规则》（2024年6月1日起施行），终于结束了1996年版《供电营业规则》对供用电领域新形势、新发展要求难以适应和满足的局面。《供电营业规则》作为指导全国供电营业工作的基本制度，是《电力法》《电力供应与使用条例》重要的配套规章，因其条文颗粒度细，是应用较为广泛、使用频率较高的规章制度之一。《供电营业规则》自1996年施行以来，历经2002年到2015年不断向纵深推进的电力体制改革，供电营业业务的体制架构、制度基础等均发生深刻变化，用电营商环境亟待优化，平等供用电关系亟须保障，但该《规则》却施行了近30年一直未曾修订，反映了中国电力领域立法严重的滞后性。地方政府对售电侧市场建设、售电主体准入及退出机制、售电公司管理办法等方面的法规制定存在滞后性，且整体来看地方电力立法层级普遍偏低，在新出台的地方电力综合性立法中仍未就售电市场及相关主体进行法律条文的规范，在整个改革过程中对法治思维、法治方式运用不足，未能将电力领域立法工作与售电侧市场化改革结合起来，没能发挥法治对售电侧市场化改革的引领和推动作用。

目前，全国 31 个省级行政区域中，现行有效的电力领域地方性法规，如电力设施保护条例、供用电条例等，共计 22 部，其中非综合性电力法规 19 部（见表 2.4），制定电力地方综合性法规，效力层级属于地方性法规的仅有 3 部（见表 2.5），仅占全国电力领域地方立法的 13.6%，并且均未对售电侧市场化改革做出相关法律规定。

表 2.4　现行有效的电力领域地方性法规

序号	地区	电力领域地方性法规
1	天津市	天津市电力设施保护条例
2	河北省	河北省电力条例
3	山西省	山西省电力设施保护条例
4	内蒙古自治区	内蒙古自治区电力设施保护条例（2022 修正）
5	辽宁省	辽宁省反窃电条例（2010 修正）、辽宁省电力设施保护条例（2016）
6	吉林省	吉林省反窃电条例、吉林省电力设施保护条例
7	黑龙江省	黑龙江省反窃电条例（2018 修正）
8	上海市	上海市供用电条例
9	江苏省	江苏省电力条例
10	浙江省	浙江省电力条例
11	安徽省	安徽省实施《电力法》办法
12	河南省	河南省供用电条例
13	广东省	广东省供用电条例

序号	地区	电力领域地方性法规
14	重庆市	重庆市供用电条例
15	贵州省	贵州省反窃电条例
16	云南省	云南省供用电条例、云南省电力设施保护条例（2012修正）
17	甘肃省	甘肃省供用电条例（2023修订）
18	青海省	青海省供用电条例
19	宁夏回族自治区	宁夏回族自治区电力设施保护条例（2012）

来源：各地区电力立法情况。

表2.5　三部地方电力综合性法规

序号	法规名称	发文机关	文号	发文日期	施行日期	时效性	效力级别
1	浙江省电力条例	浙江省人大及其常委会	浙江省人民代表大会常务委员会公告第79号	2022年9月29日	2023年1月1日	现行有效	地方性法规
2	江苏省电力条例	江苏省人大及其常委会		2020年1月9日	2020年5月1日	现行有效	地方性法规
3	河北省电力条例	河北省人大及其常委会	河北省第十二届人民代表大会常务委员会公告第24号	2014年5月30日	2014年8月1日	现行有效	地方性法规

来源：各地区电力立法情况。

自 2015 年售电侧市场化改革开展以来，各地陆续开始制定地方规范性文件对售电公司主体进行规范，如售电公司管理办法、售电公司准入与退出管理实施细则、售电公司信用管理办法等，共计 13 部（见表 2.6），尚有一半以上省份未就售电公司管理事项进行相关规定，且已制定的文件也存在效力层级低、规范内容不一致、约束标准不统一等问题。

表 2.6　关于售电公司管理的地方规范性文件

序号	法规名称	发文机关	发文日期	效力级别
1	《山东省售电公司信用评价管理办法（试行）》	山东省发展和改革委员会	2023 年 8 月 31 日	地方规范性文件
2	《河北省售电公司管理细则》	河北省发展和改革委员会	2023 年 4 月 18 日	地方规范性文件
3	《浙江省售电公司信用评价与风险防范管理办法》	浙江省发展和改革委员会	2022 年 11 月 30 日	地方规范性文件
4	《浙江省售电公司信用评价管理办法（试行）》	浙江省发展和改革委员会，浙江省能源局	2022 年 11 月 30 日	地方规范性文件
5	《内蒙古自治区售电公司管理办法》	内蒙古自治区工业和信息化厅	2022 年 6 月 9 日	地方规范性文件
6	《山西省售电公司管理实施细则》	山西省能源局，国家能源局山西监管办公室	2022 年 3 月 21 日	地方规范性文件

续表

序号	法规名称	发文机关	发文日期	效力级别
7	《山西省电力市场售电公司信用评价与风险防范管理办法（试行）》	山西省能源局，山西省发展和改革委员会，国家能源局山西监管办公室	2020 年 11 月 12 日	地方规范性文件
8	《上海市售电公司及相关主体准入与退出管理实施细则》	上海市发展和改革委员会	2020 年 1 月 19 日	地方规范性文件
9	《宁夏回族自治区售电公司管理办法（暂行）》	宁夏回族自治区发展和改革委员会	2019 年 7 月 23 日	地方规范性文件
10	《北京市售电公司准入与退出管理实施细则》	北京市城市管理委员会	2018 年 6 月 21 日	地方规范性文件
11	《吉林省电力市场交易售电公司履约保函管理办法（暂行）》	吉林省能源局，国家能源局东北监管局，吉林省物价局	2018 年 5 月 14 日	地方规范性文件
12	《贵州省售电公司准入与退出管理办法实施细则》	贵州省能源局，贵州省经济和信息化委员会，贵州省发展和改革委员会，国家能源局贵州监管办公室	2017 年 10 月 26 日	地方规范性文件
13	《福建电力市场售电公司履约保函管理办法（试行）》	福建省经济和信息化委员会，福建省发展和改革委员会，福建省物价局	2018 年 3 月 16 日	地方规范性文件

来源：各地区电力立法情况。

第 5 节　本章小结

综合来看，售电侧市场化改革前，中国电力生产的环境污染问题严重，火电电力产能过剩，电力清洁生产规模不足，但销售电价仍高居不下。此时，"捆绑电价"不仅阻碍了电力能源价格及时传导至售电终端，更难以准确反映市场供需关系，扭曲了电力市场效率。中国电力市场价格扭曲的根源是，统购统销模式下部分电力企业垄断单一购售电业务，且地方政府干预使得部分省份的购售电合同存在条款不公平、要素不完整以及支付不到位等问题，损害了众多电力企业经营，阻碍了区域间电力资源流通。尽管如此，中国政府有关输配电价的改革成效显著，这使得进一步拆解用户终端电价，顺应"管住中间、放开两端"改革路径推行售电侧市场化改革成为可能。

因此，售电侧市场化改革首先打破了电力企业对单一购售电业务的垄断，通过明确售电侧市场主体以及进入退出机制，为建构售电侧市场竞争布局奠定基础。在"准许成本＋合理收益"的输配电价模式基础上，《意见》对终端用电价格进行拆解，规定终端销售电价为市场交易形成价格加输配电价与政府性基金，其中市场交易价格成为电价发挥市场调节作用的关键。进一步，"中长期交易为主、现货交易为辅、绿电优先"的市场建设原则确立，电力市场交易形式拓展，且政府干预电力市场交易的行为被约束，电力能源的价格信号机制得以充分发挥。最后，为了优化各省（区）间电力资源配置，缓和区域间电力资源与电力消费的不均衡局势，政府逐步推行跨省跨区电力市场化交易，并提出将建设全国统一的电力市场体系。

售电侧市场化改革具有一定"绿色属性"。《意见》规定了进入售电市场的主体包括电厂、电力用户以及售电公司必须达到"清洁门槛"，还强调了鼓励节能公司与分布式电源用户进行售电业务。《电力中长期交易基本规则》也规定，发电企业以及电力用户的准入条件之一均为，须要符合国家产业政策或及节能环保要求。上述规定通过负面清单的方式，或许能够成为电力企业实现高效率经营的激励。此外，《关于加快建设全国统一电力市场体系的指导意见》则指出将引导用户侧可调负荷资源、储能、分布式能源、新能源汽车等新型市场主体参与市场交易，这在丰富售电侧竞争主体的同时，能够大幅提高清洁能源消纳水平。

此外，通过文本分析，本书将中国售电侧市场化改革划分为如下四个阶段：售电侧交易规则初步确定阶段（2015—2016年）；售电侧交易市场建设阶段（2017—2018年）；动态完善电力交易市场机制阶段（2019—2020年）；市场交易规则统一与深化阶段（2021年至今）。在梳理中国售电侧市场化改革制度演化过程的基础上，通过大量数据及改革实施情况分析得出中国售电侧市场化改革目前存在售电公司赢利模式单一导致大量退市、售电新型垄断势力形成、电力绿电交易提升但能源结构未实质改变、省间电力交易壁垒严重、地方电力立法滞后且层级偏低等问题。这一部分为本书即将进行的实证研究分析打下了基础。

第 3 章

运行理论：
售电侧改革绿色效应作用机理

本章是本书的理论基础，分为两个部分。第一部分介绍了中国售电侧市场化改革的理论基础，包括运用价格机制理论明确售电侧改革的市场化方向；运用资源配置理论探究售电侧改革中政府和市场的关系；运用政府管制理论揭示政府管制的真相和弊端；运用新规制经济理论阐释电力等自然垄断行业改革的关键；运用绿色经济增长理论指明售电侧市场化改革的目标导向。基础理论的介绍和阐述，为评价中国售电侧市场化改革的绿色经济效应提供了理论源泉。第二部分结合上述理论，主要讨论了中国售电侧市场化改革绿色经济效应的作用机理，包含对本地区绿色经济效应和空间溢出效应，为后续实证研究提出了研究假设和研究思路。

第1节　理论基础：政府、市场与绿色发展目标

一、政府和市场关系的核心——资源配置理论

党的十八届三中全会指出，全面深化改革的重点是经济体制的改革，而经济体制改革的核心问题是处理好政府和市场的关系。政府和市场关系的核心问题是政府和市场在资源配置中所起作用的问题。当前我国全面深化改革，就是要使市场在资源配置中起决定性作用，并更好地发挥政府的作用。发挥好政府和市场这两种资源配置的手段在电力体制改革中的作用，使二者能够在电力市场化改革中做到有机结合、相辅相成。

资源配置概念可追溯至古典自由主义经济学理论，1776 年亚当·斯密在《国富论》中围绕资源配置问题进行了讨论。除"看不见的手"这一经典理论外，他还主张重视社会法律制度对资源配置的影响，并指出应当充分发挥个体在资源配置中的主观能动性。总体而言，古典经济学认为自由竞争市场通过引导个体逐利是实现资源配置的唯一途径。当古典自由主义经济学市场机制理论不能够解释 20 世纪经济大萧条起，效应价值论逐渐替代

了劳动价值论，新古典经济学理论在探讨资源配置时强调"自由配置"的基本属性。具体而言，新古典经济学资源配置理论的核心思想如下：首先，资源的稀缺性构成资源配置问题的基本前提，如何解决资源稀缺与人类欲望无限的矛盾问题成为新古典经济学资源配置理论的核心。其次，在探讨资源配置问题过程中，众多学者强调边际价值，价格成为衡量资源配置效率的准绳，"均衡价格论"成为资源合理配置的理论基础。价格作为市场手段能够在既定社会范围内调配稀缺资源，通过供给和需求价格波动实现资源配置，达成供需价格平衡，即可认为资源配置合理。最后，新古典经济学资源配置理论强调市场配置资源的主导作用，认为完全竞争市场中，能够达到资源配置的"帕累托最优"状态。

自凯恩斯提出有效需求理论以来，学者们逐渐脱离了"单一配置"思想，开始正视市场失灵情形下，政府对经济的干预效力。实际上，存在完全竞争市场的可能性较低，众多资源配置问题无法通过市场机制解决，须要引入政府之手进行调控，否则将影响社会公平，损害总体福利。具体而言，政府能够通过限制垄断、消除负外部经济以及提供公共品等形式优化资源配置效率，还能够以各类形式的财政支出、货币供应实施市场调控，引导经济发展。此外，政府还可以通过完善市场竞争的法制手段，保障区域市场竞争公平性。值得注意的是，资源配置的"政府失灵"现象也可能存在。作为市场竞争的重要主体，政府也可能因追求利益最大化成为理性人，损害资源配置效力。综上，新古典综合派经济学家认为既需要发挥市场配置资源的基础性作用，也需要政府及时采取行动干预市场无序竞争格局，实现资源优化配置。配置稀缺资源的最终目标是，通过对资源的时空布局优化，实现资源利用效益的最大化，提升社会总体福利水平。

综上，在继续深化我国电力市场化改革进程中，必须发挥好政府和市场在资源配置中的作用，确保市场在电力资源配置中的决定性作用的同时，在市场失灵时通过政府规制、过程监管等手段，更好地发挥政府的作用，使政府和市场在售电侧市场化改革中有机结合、相辅相成。

二、利益驱动下的公共政策——政府管制理论

政府管制理论，又称管制经济学，产生于产业革命时期，在经济危机时期政府对公用事业部门的大力管制中得到迅速发展和运用。20 世纪 30 年代资本主义世界爆发经济危机，不仅大萧条中的各种经济现象无法被传统经济理论揭示，已有理论更难以指引各国政府摆脱现有危机，经济学家们逐渐认知到由于存在信息不对称、负外部性等干扰市场机制，均会导致市场失灵，引致逆向选择和道德风险问题。基于此通过规范分析，形成了政府管制的"公共利益理论"，即传统的政府管制理论认为在存在信息不对称、自然垄断及外部性等市场失灵的行业中，政府为了保护社会公共利益，纠正市场失灵，对经济事实直接干预，通过发挥政府的资源配置效力能够在一定程度上缓解或消除"负外部性"对旁观者及公共福利的损害，提升旁观者与社会整体福利表现。然

而，传统的政府管制理论隐含了政府是全知全能的、仁慈的及守信的三大假设，但这样的政府在现实中是不存在的。

诺贝尔经济学奖获得者、美国经济学家乔治·斯蒂格勒（George Stigler）是当代政府管制理论的开创者。他在 1962 年发表文章《管制者能管制什么》，提到对自然垄断产业的政府管制，一没有降低收费标准，二没有解决价格歧视问题。据此，他深入挖掘政府管制的真正动机，提出了政府管制的"生产者保护理论"。该理论认为政府管制是一种商品，是政府提供供给，相关利益集团有效需求的商品，在政府和利益集团的供求结合中，政府管制内容实际上只能体现利益集团的利益，即保护生产者利益。斯蒂格勒在 1971 年发表文章《经济管制论》，彻底揭开了政府管制的面纱。提出政府管制是因生产者和管制者为谋求各自的利益而存在，管制者供给"管制商品"谋取选票利益，而利益集团为保持利益最大化向管制者输送利益，通过"管制商品"把社会上其他成员的利益放入自身利益中。因此，政府管制必然不以公共利益为导向，而最终结果是有利于生产者利益最大化。各国研究电力等自然垄断行业的经济学者进行的相关实证研究也表明，政府管制往往使得生产者的获利高于正常水平。

三、市场化改革成败的关键——新规制经济理论

对电力、煤气、供水、铁路、电信等自然垄断行业进行市场化改革，是世界各地对自然垄断行业由垄断走向竞争的主流改革

趋势。20 世纪 80 年代，世界各地对自然垄断行业放松管制，引入竞争，掀起了改革浪潮。在传统的垄断规制方法中，主要是基于成本规制定价，忽视了规制中存在的信息不对称问题，使得各地自然垄断行业市场化改革纷纷以失败告终。由于垄断企业拥有运营成本等核心关键信息，而规制者无法获取精确数据，使他们制定的政策无法提供相应的激励机制。

世界知名经济学专家让·梯若尔（Jean Tirole）将信息经济学和激励理论的思维方法，应用于自然垄断行业的规制改革中，其与让·雅克·拉丰（Jean-Jacques Laffont）在《政府采购与规制中的激励理论》一书中完成了新规制经济学理论框架的构建，该书 1993 年的出版真正破解了垄断行业竞争与规制的密码。2000 年，他们合著《电信竞争》为该行业规制政策制定提供强有力的理论支撑。当前中国进行的售电侧市场化改革，世界上许多发达国家均推行过，如美国得克萨斯州在 2002 年开始的售电侧改革，通过引入独立售电公司来增强市场竞争，赋予电力用户对售电商的自主选择权。但事实证明，售电侧改革并没有带来电价的降低，独立售电公司也没能增强电力市场的竞争性。梯若尔认为对于售电侧市场，完全竞争的市场下电价机制会趋向于单一电价（价格方差为零）而非阶梯电价；有可能比垄断体制下制定的阶梯电价更加无效率。此外，当竞争不完全时，独立售电公司引入毫无用处，只会是售电新型垄断格局下的牺牲品。此外，售电侧改革还可能存在供电可靠性、普遍性、优先供用电次序等问题，使得纯粹的竞争市场难以调节，必须配合政府规制才能实现。

四、售电侧改革的目标导向——绿色经济增长理论

经济增长的内生机制是众多经济学家所热衷的话题。20 世纪 50 年代，经济学家罗伯特·默顿·索洛（Robert Merton Solow）对"经济增长是不稳定"经济增长路径结论进行修正，构建索洛模型并指出经济增长路径具有稳定性。后经学者深入研究，新古典经济增长模型得以进一步完善。概括而言，索洛指出长期的经济增长源自劳动力要素水平提升与技术进步。以新古典经济增长理论为指导，新经济增长理论衍生。不难发现，前述经济增长理论并未很好关注到环境资源问题对区域经济发展的影响，日趋严重的环境污染与能源危机问题催生了现代经济增长理论。众多学者将环境资源作为经济增长模型的重要因素，研究指出，资源枯竭与环境破坏将引发经济增长波动。与此同时，还有学者关注到能源、环境政策对经济增长的影响，挖掘能源政策因素在内生经济增长模型中可能发挥的作用，甚至构建"绿色经济增长理论"。至此，绿色经济研究热潮高涨。

绿色经济研究聚焦于经济增长模式，而非纯粹的经济规模变动，强调经济结构、社会、政治体制变革所推动的经济增长。自英国环境经济学家大卫·皮尔斯（David Pearce，1989）首次在《绿色经济蓝图》（*Blueprint for a Green Economy*）一书中提出"绿色经济"概念以来，学者们以生态环境、资源承载力等为切入点，多从效率维度开展绿色经济增长研究。从绿色经济的增长引擎角度出发，学者认为绿色经济增长的核心是强大的绿

色技术创新能力对巨大的环境成本的抵消与中和，即"创新补偿效应"，以此实现减少环境污染的同时实现经济发展。以全要素生产率（Total Factor Productivity，TFP）指标测算为基础，绿色全要素生产率（Green Total Factor Productivity，GTFP）指标被广泛应用于绿色经济效率研究。通过将能源要素投入作为要素投入，将污染物排放作为非合意产出物的方式，使用数据包络分析法（DEA）对区域绿色经济发展进行测度，并开展系统研究。

第2节　传导路径：售电侧改革绿色效应作用机理

本节主要阐释中国售电侧市场化改革对区域绿色经济发展的作用机理，具体分为两部分，一是本地效应作用机理分析，指中国售电侧市场化改革对本区域绿色经济发展影响的作用机理分析；二是空间溢出效应机理分析，指中国售电侧市场化改革对空间关联区域绿色经济发展影响的作用机理分析。

一、本地效应机理分析

基于上述理论和既有文献，虽然对电力等自然垄断行业进行市场化改革，是世界各地对自然垄断行业由垄断走向竞争的主流改革趋势，但此类改革并非一蹴而就，且各地改革成绩不一。论及中国售电侧市场化改革成效如何，与几个关键因素密不可分。一是能否充分发挥价格机制，实现电力商品属性，形成有效竞争的售电市场。二是能否更好地发挥政府职能，立法先行，在售电领域信用管理、信息公开、风险控制等方面实行有效监管，使售电业务有预期、有规矩。三是根据绿色经济增长理论，售电侧市场化改革能否激励市场主体进行技术革新，并通过技术创新补偿环境成本，从而实现绿色经济持续发展。

目前，中国的售电侧市场化改革尚处于初级阶段，各试点奉行先行先试原则，改革初期低价竞争乱象频发、售电新型垄断势力形成。首先，政府未能实行立法先行，使得售电侧改革在某种程度上说于法无据，售电市场一夜之间放开，多数大规模电力用户处于观望状态。高层级法律规范的缺乏导致人们对售电业务持怀疑态度，对售电未来没有良好、持久的预期，也是致使电力需求侧响应不足的重要原因之一。其次，电力用户对售电商选择意愿低，需求侧响应不足将导致售电市场竞争机制引入无效，而低价竞争中售电公司无暇拓展增值业务，售电商服务水平普遍偏低加剧了电力用户对既有消费路径的依赖。再次，售电市场竞争失效将直接导致技术创新激励水平的降低，使得售电侧市场化改革无法通过"创新补偿机制"实现绿色经济持续发展。最后，根据新规制经济理论，电力行业因其天然的垄断属性使其无法形成完全竞争市场，而根据政府管制理论，政府既需依靠垄断企业提供监管数据，又需通过垄断势力获取政治权力，致使政府管制陷入失灵局面。当前售电侧进行市场化改革，但各省级电力交易中心绝大多数由当地电网企业掌控，存在严重的信息不对称，而独立售电公司获客成本居高不下。有业内人士称，售电公司主要营利点仍承继"吃价差"模式，只是"价差"利益不再由电网企业独享，而是被交易机构关键岗位的个人、大规模电力用户及其负责人以及售电公司瓜分。售电市场竞争所带来的利益激励少之又少。

综上，提出假设 H1：售电侧市场化改革对本区域绿色经济发展缺乏推动力。

具体作用机制如下：

（1）技术进步效应。售电侧市场化改革后，亿万社会资本涌入售电市场，开展竞争性售电业务，电力用户也被真正赋予了交易选择权，直接交易、双边协商交易、竞价交易、代理购电交易，各种交易模式随心选择，改革政策大大激发了社会资本和电力用户的积极性。另外，由于改革为售电市场主体均设置了准入的"清洁门槛"，因此，通过在市场准入条例中附加有关清洁生产的条约，并鼓励分布式电源用户参与售电侧市场竞争，售电侧改革可能倒逼部分发电企业及电力用户革新生产技术、降低污染排放，以获得售电侧市场准入资格，参与电力购售交易。具体而言，发电企业或将围绕高效率、低污染的发电技术进行研发，通过发电技术革新提升能源利用效率，减少电力污染。同时，售电侧市场化改革还能激励发电企业开发利用风能、太阳能等自然资源，提升当地可再生能源的开发利用水平，推进区域绿色经济发展。

尽管中国售电侧改革方向瞄准节能减排和安全高效，政策实施效果仍具有较大不确定性。

首先，改革后电厂背景售电公司有动机挤出独立售电公司形成间接市场垄断，加之电网公司被赋予代理购电资格，缓解了用户须改善经营效率、提升清洁生产能力以达到售电侧市场准入条件的急迫性。当前，用户参与售电侧电力市场交易的方式主要有三种：直接参与、售电公司代理与电网企业代理。其中，售电公司与电网企业的代理业务部分降低了用户参与售电侧市场竞争的积极性。因为，"优先发电"模式下"剩余电量"可暂时作为电网企业代理工商业用户购电的电量来源，部分电网公司选择按照非市场化电源与市场化电源的加权均价售予代理购电用户。已入市的用户将以电网企业代理价格为参考，比对市场交易价格，若电网企业代理购电价格低于直接市场交易，部分用户将有意愿压低市场交易电价，或退出竞价市场交易，选择电网企业代理购电。综上，电网企业代理购售电的碾压优势阻碍了售电侧市场主体间的公平竞争，挤占了售电侧市场主体的生存空间，进一步削弱了普通用户直接参与市场交易的意愿，抑制了部分企业变革生产技术、优化经营效率获得售电侧市场准入资格的动机，减损了改革的绿色效益。

其次，考虑到偏差考核风险，用户倾向于选择代理购电，降低了用电企业引入数字技术监管实时用电，提升电能利用效率的可能。售电侧电力市场交易中，直接参与用户须要承担偏差考核风险。由于单个用户没有平摊偏差的能力，当其预估电量不准时，将承担较高的偏差考核风险，容易引致电力市场交易机构的处罚。相较而言，若由售电公司或电网企业代理售电业务，零售用户则无须精准预测个月用电量，而由售电公司汇总、平摊后整体考核，降低了零售用户的偏差考核风险。因此，用电量不多、用电负荷波动较大的用户由于难以预测自身用电需求，往往选择售电公司或电网企业代理购电。实际上，借助监测设备实时读取用电数据，结合生产信息引入电力大数据分析模型即可得出负荷曲线和预测结果。电力用户不仅可以参照该结果进行电量申报，还可以在用电过程中对偏差进行实时监控和预警。此时，代理购电业务削弱了电力用户引入数字技术监控各部门电能使用的意愿，降低了部分工商业电力用户发现低效率能源利用环节，优化电力能源利用效率，节约用电成本的可能。因此，售电侧市场化改革下，偏差考核风险成为部分电力用户参与市场竞争的阻碍，降低了用电企业引入数字技术监管实时用电，提升电能利用效率的可能，不利于区域绿色经济发展。

最后，售电侧市场改革对发电企业清洁生产的激励不足。《意见》指出将优先开放符合清洁要求的发电厂入市交易，能够在一定程度上激励发电企业更新生产技术或拓展可再生能源发电业务。然而，目前中国煤电发电技术多集中于煤电效率、发电性能等领域，有关碳捕集利用与封存、煤气化燃料电池发电等清洁生产技术仍有待突破，煤电企业难以仅凭自身实力完成生产技术更新。高昂的生产技术改造成本将加重发电企业经营负担，影响发电企业转型积极性。同时，由于碳电市场之间未建立科学合理的价格疏导机制以及高效协同的减排传导机制，而售电侧市场化改革仅疏通了发电侧与售电侧的价格传导机制，发电企业碳配额费用负担显著低于清洁化生产成本，进一步削弱了售电侧市场改革对发电企业清洁生产的激励。此外，当前清洁发电仍具有建设成本高、风险大、短期内收益不明确等问题，清洁电力生产严重依赖国家政策性电价补贴，企业自主化生产能力不佳。并且，清洁能源补贴主要针对发电成本，忽视了清洁能源电网配套设施的成本问题，这也阻碍了中国发电企业清洁生产技术的应用与推广。更为关键的是，售电侧市场对清洁电能的上网电价接受能力普遍较差，清洁能源的消费比例并未显著提升，发电企业拓展可再生能源发电业务的收益具有较大不确定性。因此，售电侧市场化改革并未显著提升发电企业更新技术或拓展可再生能源业务的预期收益，技术及成本限制下发电企业转型积极性不足，不利于区域能源消费结构优化，影响了城市绿色经济发展。

综上，提出假设 H2：售电侧市场化改革对本区域技术进步可能有影响。

（2）资源配置效应。售电侧市场化改革放开了园区增量配电网业务，并且鼓励拥有区域增量配电网经营权的主体投资售电业务，有助于提升电力系统的建设效率，并保障分布式电源的资源优化配置。具体而言，在鼓励社会资本投资、收购、租赁或运维用电企业的配电资产的基础上，《意见》规定同一范围内只能有一家企业拥有配电网运营权，并提供保底供电服务，因此将向拥有配电网运营权的售电公司颁发电力业务许可证（供电类）。在

2016 年，《售电公司准入与退出管理办法》进一步完善了拥有配电网运营权售电公司的市场准入条件。在上述政策指引下，拥有配电网运营权的公司拓展了营业方式，投资周期长、门槛高、收益低的输配电业务不再是其唯一赢利来源，构成社会资本积极投资增量配电网的有效激励。鼓励民间资本投资，有助于盘活用户侧存量配电资产，挖掘社会闲散配电资产价值，并减少部分电力企业针对电源、输配电网等设备的投资扩建，而限制规定范围内拥有配电网运营权的企业数量，有助于避免出现复杂的交叉供电和重复建设问题，优化区域要素配置。更为关键的是，放开配电网运营权主体的售电资格，有助于实现分布式电力能源的优化配置，提升电力现货市场的安全性与效率。依赖增量配电网能够实现能源与用户的协调与调度，构成"微电网"系统，当分布式电源与用户以该种整合形式进入电力现货市场，不仅有助于减少电力现货市场整体复杂性，提高交易效率和安全性，还能够提升电源与用户的经济收益，达到优化区域电力资源配置的效果。

然而，允许售电公司投资增量配网业务，有可能进一步促成该类售电公司依托配电网实现对电厂和用户的自然垄断。总体来看，相较独立售电公司，拥有配电网经营权的售电公司参与售电侧市场竞争的优势显著。第一，为保障电力供应，园区内配电网经营者负责提供该区域内保底供电服务，但是由于改革初期部分用户出于对市场交易风险的不确定，更愿意选择具有提供保底服务资格的售电企业。一方面，可以继续观望姿态，不必有选择售电商的麻烦；另一方面，保底售电企业可以保障自身用电安全。

因此，该类售电公司不必通过营销手段或压低电价获取用户青睐，就能够依赖保底服务业务资格形成天然优势，损害了其他售电公司的利益。第二，少量的配电收入构成拥有配电网经营权的售电公司参与售电侧电力市场竞价的成本保障，其有可能通过低价竞争挤占其他独立售电商的赢利空间。综上，尽管放开拥有配电网运营权主体的售电资格，有助于激励社会资本投资增量配电业务，实现区域电力能源的优化配置，拥有配电网经营权的售电公司的竞争优势显著，有可能使其成为地方电力市场的新型垄断势力。新增的配售电公司仍有可能依托配电网实现对电厂和用户的垄断，损害区域售电侧市场交易公平竞争，不利于优化电力资源的优化配置。

与此同时，由于当前增量配网业务面临电源接入难、投资风险高等问题，放开售电资格对社会资本投资配电业务的激励效果有限。首先，新能源发电受天气影响显著，具有较高不确定性。而 2019 年"三不得一禁止"政策出台，规定国家电网和南方电网可以直接通过增加火电机组的方式，帮助增量配网进行调峰。可见增量配网企业，即使是在本园区范围内仍受制于电网企业的调峰运行方式，未能取得与电网企业同等的电源接入地位。若仅依靠新能源电源，增量配网企业的发电效力难以保障，依托增量配网的源网荷储一体化项目也难以推进，这使得增量配网业务的绿电消纳能力得到极大的抑制。其次，增量配电网的配电价格定价不得超过省级电网输配电价的电压等级间差价的规定不符合实际。事实上，目前，各省电网企业核定的输配电价及电压等级间差价，是存在严重的电价交叉补贴的，不能实际反映配电成本。因此，增量配电网配电价格的定价，限制了增量配电经营权主体的赢利，实际上降低了社会资本投资区域增量配电网的积极性。尽管有关政策规定，省级价格主管部门可以向国务院价格主管部门申请调整省级输配电价，但省（区）调整该区域输配电价结构的难度大且成效具有高度不确定性，因此输配电价结构调整可行性较低。这导致多数增量配电网投资和运营成本实际难以收回，阻碍了增量配电网业务社会投资水平的提升。因此，售电侧市场化改革仅赋予拥有增量配电网企业参与售电业务的资格远远不够，不能够构成社会资本投资增量配电网的有效激励，也无法进一步实现电源与用户以"微电网"形式参与现货市场交易，损害了售电侧市场化改革优化电力资源配置，尤其是分布式电力能源的预期效果，不利于区域绿色经济发展。

此外，售电侧电力用户对微电网的接受情况不佳。2017 年，国家发展和改革委员会、能源局印发《推进并网型微电网建设试行办法》，规定微电网可按照拥有区域配电网经营权的售电公司开展售电业务，参与现货市场交易。作为同一供电营业区内拥有配电网经营权的售电公司，微电网售电主体将面临其他类型售电公司的竞争。相较而言，微电网售电主体的优势主要包括：微网内的分布式电源属于清洁能源，能够在一定程度上吸引偏好清洁电能的用户；微电网在电网故障时可孤立运行，能够吸引对供电安全性需求更高的用户。然而，因微电网不仅须面对间歇性能源发电的不确定性风险，还须同时通过能源调控的方式应对现货市场价格波动，其经营成本高，运行调度难度大。不仅如此，微电网所使用有别于传统能源的特殊技术，还将扰动电力系统，并引发电力现货市场的巨大波动。因此，微电网较高的价格波动成为阻碍其参与现货市场交易的重要因素。更为关键的是，微电网的最大技术特点是其能够实现孤网运行，但其技术支撑成本并不低，现货市场中需要并愿意为微电网孤网运行技术买单的用户数量不多。然而该成本涵盖在微电网的销售电价中。综上，微电网主体在售电侧市场中体量小、竞争优势暂不明显。即使并网型微电网能够联通分布式电源与用户，提供用户侧能源一体化服务，以微电网售电实现清洁能源消纳的成效并不显著，分布式能源的配置效率仍然低下，售电侧市场化改革的绿色经济效益难以实现。

综上，提出假设 H3：售电侧市场化改革或会干扰资源配置。

（3）产业结构效应。通过降低售电侧市场准入壁垒，放开售电侧市场竞争，电网企业垄断购售电业务，赚取购售电差价的赢利模式已被打破。如何拓展售电企业赢利来源，引导售电企业发展创新业务，提高售电侧市场服务水准成为改革的另一难题。对此，《意见》提出另一重要基本原则"鼓励改革创新"，规定鼓励售电公司遵循互联网思维，实现电力产销互动，不断拓宽售电公司综合服务水平，鼓励有清洁偏好的企业、用户从事售电业务。另外，《有序放开配电网业务管理办法》也强调了增量配网运营者在多种能源供应智能化、综合化、组合化方面的优势。在有序放开配电网业务经营的基础上，售电公司可以通过投资增量配网业务建设发展增值服务的硬性电力设施，寻找开展增值服务的着力点。分布式电源主体也能够在拓展售电业务的过程中拓展增值服务业务。通过引导售电公司等售电侧市场经营主体开展智能综合能源服务等增值服务，电力行业能够与其他新兴行业形成良性互动，推动区域产业结构转型升级。具体而言，智能综合能源服务有且不限于如下服务形式：提供电、气、热等各种网络的设计、安装和运营的供能网络建设服务；助力用户实现上游网络和下游用户之间的互联集成；基于前沿数字技术等先进技术实现自身能源的统一高效率管理。不难发现，数字技术是智能综合能源服务供给的支柱，无论分布式能源的统筹管理、市场主体资源信息的交流共享或电网建设的技术革新都依托前沿数字化技术发展。因此，以区块链、人工智能、边缘计算等数字技术为支撑推动智能综合能源服务发展，能够使售电侧业务领域沿着上下游延伸，培育电力市场横向多能源—多服务态势。更为关键的是，售电侧市场化改革通过引导增值服务业务发展有助于深化售电侧经营主体的市场服务属性，推进金融资源、信息技术、清洁能源等资源的融合，促成行业间的良性互动，进而实现区域产业结构优化升级。

事实上，售电侧市场化改革后售电公司仍沿袭原电网企业经营模式，依靠"低买高卖"赚取差价实现赢利。改革初期，尽管发展增值业务有助于增强售电公司用户黏性、实现品牌效应、提升赢利能力，由于增值业务市场发育不足，售电公司仍多选择在中长期市场中实施博弈或与发电企业谈判电价压低购电成本，进而依托营销手段提高对客户的电力售价。然而，售电侧市场准入壁垒的降低将吸引众多投资者关注,使大量资本涌入售电侧市场。随着售电侧市场中竞争主体数量的增长,众多售电公司为抢夺长协电力用户,将更倾向于选择压低销售电价,试图占据更高市场份额。此时,压低电力采购成本成为售电公司实施低价竞争策略的关键,但激烈的价格竞争也压缩了售电侧经营主体的整体利润空间。售电侧市场的无序竞争将引发众多恶果,部分长协电力用户瞄准售电主体竞争路径,肆意压低电价,有可能导致长协折扣价格进入非理性区间。同时,由于众多大型发电企业成立了售电公司,为了争夺大额发电量,其有动机签订更多的长协电量(即长期协议电量),避免多数电量流入具有电量上限额度的月度竞价市场,损害发电额度。而部分中小型发电厂由于不具有竞争优势,在长协交易高价让利的背景下,往往不愿与售电公司高价对接长协合同,这也导致部分售电公司无处买电。不仅如此,无序竞争背景下因售电公司和用户对电力供需态势的预估错判,以低价模式大量签订的长协交易反而导致"批零倒挂"现象,有可能进一步损害售电公司的利润空间。

综上,售电侧市场开放后,因电力增值服务市场发育不足,众多售电主体将沿袭"差价赢利"模式,容易引发售电侧市场的无序竞争,这可能损害售电主体的经营收益,扰乱电力市场运行。值得关注的是,无序竞争下售电企业由于经营亏损,无力拓展增值服务,变更差异化经营模式,实现与用户的双赢,在一定程度上阻碍了电力行业与计算机服务等新兴行业良性互动,抑制区域产业结构转型步伐,不利于推进绿色经济发展。

与此同时，因售电侧市场呈现低价竞争格局，部分以清洁生产技术为竞争优势的发电企业难以通过参与市场竞争弥补生产成本，更妄谈赢利。这意味着改革后，无序竞争有可能通过挤占清洁发电企业的赢利空间，逼迫其退出本地市场。进一步，清洁发电企业退出市场将影响清洁电能用户主体经营。由于部分市场替代电能与其现有生产技术可能具有不适配性，加之使用低效率电能将削弱企业整体清洁生产能力，使其受排污监管的风险提升，售电侧市场无序竞争还可能迫使清洁电能用户退出本地市场。清洁发电企业及清洁电能用户的退出将阻碍区域能源结构调整进程，政府需要重新培养或引入清洁生产企业，引导电力用户使用清洁能源。清洁经营主体的退出更意味着，短期内众多生态利用型、低碳清洁型和环境治理型产业发展支撑不足，以清洁能源为依托的产业结构转型发展将陷入僵局。

更为关键的是，售电侧市场的无序竞争不仅将致使清洁经营主体退出本地市场，还将驱使优质金融资本、技术资源和人才外流。偏好绿色能源的金融资源流出将直接影响本地金融资源禀赋，成为政府引导市场投资可再生能源的阻碍，而清洁发电技术及专业人才的外流在一定程度上影响着区域能源结构布局重整效率，加重了政府人才、技术引进的财政负担，不利于绿色产业的培育建设。所以，售电侧市场的无序竞争有可能挤占清洁发电企业的赢利空间，使其经营者产生区位转移意愿，进而带动清洁电能用户退出市场，并引发偏好清洁能源的金融资本、清洁生产技术及专业人才的外流，最终可能引发产业结构固化效应，阻碍区域绿色经济发展。

综上，提出假设 H4：售电侧市场化改革或将引发产业结构固化。

二、空间溢出效应机理分析

售电侧市场化改革背景下，不仅有关跨省、跨区电能交易价格的形成机制已建立，随着电力中长期市场交易制度的完善以及电力现货市场建设的推进，众多试点省份间开始建立省间现货市场，通过省间电力交易实现优化配置。在此基础上，为进一步实现电力资源在更大范围内共享互济和优化配置，国家正在加快建设全国统一电力市场体系，通过市场手段实现更广阔的"电力资源共享，用电市场共享"。现阶段跨省、跨区电能交易机制的不断完善有助于促进电力资源大范围优化配置和清洁能源消纳，协同售电侧改革的经济效应，可能引发售电侧市场化改革试点对其周边空间关联区域绿色经济发展的溢出影响。

首先，售电侧市场化改革可能引发新型垄断格局，或无序竞争形式，挤出本地优质生产要素，推动邻近地区绿色经济发展。具体而言，放开配电网运营权主体的售电资格，容易使其依赖保底服务业务资格，形成天然优势，从而导致新增配售电公司依托配电网实现对电厂和用户的垄断。地方售电侧市场中新型垄断势力的形成，不仅将损害区域电力市场交易公平竞争，还将在一定程度上"挤出"本地优质电力资源。电力资源的外流成为阻碍区域经济建设的重要干扰因素，同时本地电力市场"供不应求"的局势将加重售电侧市场主体低价签订长协合同对其经营收益的损害。然而，本区域电力资源的空间流动构成对邻近区域电力资源的补充，在邻近区域内电、气、热等多种能源的协同优化的基础上，"微电网+互联网"可以架构区域能源互联网，提高区域可再生能源接纳比例，并支持用户灵活用能与交易行为，提升邻近区域综合能源应用，推动其绿色经济发展。与此同时，因改革初期增值服务市场发育不足，售电侧市场改革容易引发无序"低价竞争"，恶性循环下逐渐挤占售电公司的赢利空间，使其由于经营亏损无力拓展增值服务。因电力行业与众多新兴行业的互补格局前景并不明朗，可能导致本地计算机服务行业内相关公司寻求与邻近非试点地区电力企业建立合作关系，提前布局电力行业增值服务市场，占据蓝海市场。本地计算机服务公司业务的空间拓展还有助于邻近区域微电网结合自身布局，推广应用场景，完善能源间的耦合关联、规划运行以及商业模式等，进而推动邻近区域绿色经济发展。

综上，售电侧市场化改革能够通过引发具有配电网运营权主体的垄断经营或市场内低价竞争局势，挤出本地电力资源或倒逼本地电力行业辅助服务、增值服务相关企业拓展业务空间范围，进而助力空间关联区域改善能源短缺局势，提高区域可再生能源接纳比例，发展绿色经济。

其次，售电侧市场无序竞争模式下，清洁发电企业与清洁能源用户有可能退出本地市场，转移到具有绿色能源发展潜力的空间关联区域，延续绿色经营的竞争优势，助力邻近区域依托能源结构优化，实现产业结构转型升级，推动绿色经济发展。清洁发电企业进入将直接影响邻近区域的发电侧竞争，助力该区域政府顺势推进煤电高效清洁发展，激励高污染、低效率发电企业革新生产技术应对外来清洁发电企业的冲击。同时，本地区售电侧市场改革还有可能通过引发清洁发电企业的空间转移，倒逼邻近区域发电企业拓展可再生能源的利用，优化该区域能源生产布局，并进一步提升清洁能源消纳水平，辅助区域产业转型升级。而清洁能源用户进入邻近地区市场有可能构成对本地区高污染、高耗能企业的威胁。一方面该类企业更易遭受地方政府或行业监管处罚，另一方面在清洁生产企业的对比下，社会公众可能逐渐滋生对非环境友好型企业的不满。更为关键的是，随着本地区清洁发电企业与清洁能源用户的空间转移，部分偏好清洁能源的金融资本、清洁生产技术及专业人才也将入驻空间关联区域，追逐潜在利益空间或发展机会。随发电企业、清洁电能用户进入该地市场的清洁生产技术能够有效降低区域内企业革新发电技术、经营模式的技术学习成本，构成相关企业模仿创新或实质性创新发展的有效激励，能够助力该区域清洁生产技术的高速迭代，进而加速绿色经济进程。

　　拥有清洁生产技术的专业人才进入本地市场能够降低本地区企业对原有员工的培训成本，并降低电力企业转型发展风险，是空间关联区域内企业充分利用人才资源实现转型发展的又一激励。而优质金融资源的流入将打开众多企业革新生产技术的资本瓶颈，减少企业引进人才技术的阻碍，进一步推动该区域内发电企业及电力用户的生产技术变革，进而综合提升本地区清洁能源消纳水平，并扭转低效率能源消费局势，以安全、绿色、高效的电力能源辅助产业结构升级，助力绿色经济发展。

最后，售电侧市场化改革试点区域的政策执行还将直接影响邻近非试点或后进地区政府的政策布局，通过"学习效应""警示效应"助力邻近区域的绿色经济发展。具体而言，试点区域推行售电侧改革将实质性影响邻近区域非试点区域政府对电力市场的布局规划。通过研读现行试点区域的政策文件，结合该区域电力市场及能源生产实际，非试点区域或预备试点地区政府能够降低本地区域售电侧市场化改革政策方案设计难度。同时，空间关联区域政府有动机学习并模仿邻近区域内现行改革方案，以降低区域间电力能源交易的政策调整难度与电力调度成本。不仅如此，售电侧市场化改革政策推行均非一蹴而就，并且在各区域政策实际执行过程中能够发现众多顶层设计不足。尽管各地区电力市场基础条件具有一定差异，发现售电侧改革过程中的共性问题有助于非试点政府在政策推行前完善售电侧改革方案的优化，例如出台更严苛的监管政策，避免售电侧市场新型垄断竞争格局或无效竞争局势的出现。更为关键的是，试点地区售电侧市场化改革方案的实践成果，能够在一定程度上助力非试点区域政府结合自身电力市场发展实际，制订政策方案。通过比对与试点区域能源结构、分布式电源基础、煤电企业生产水平等不同之处，非试点区域政府能够更精准锚定售电侧改革政策优化路径，提升本区域售电侧市场化改革成效。

综上，通过深入挖掘试点区域售电侧市场化改革的政策制订方案以及实施效果，空间关联非试点区域政府能够通过模仿学习先进区域政策方案，降低政策制定难度，并优化本区域政策实施方案。这在一定程度上，能够助力邻近非试点区域在政策实施过程中保障供电安全，实现节能减排，推动本区域绿色经济发展。

综上，提出假设 H5：售电侧市场化改革存在空间溢出效应，其将通过"要素流通机制""产业升级机制"以及"政策学习机制"，推动邻近区域绿色经济发展。

第 3 节　本章小结

本章节围绕售电侧市场化改革绿色经济效应的梳理相关理论，回顾了资源配置理论、政府管制理论、新规制经济理论以及绿色经济增长理论，并在此基础上进一步分析售电侧市场化改革影响绿色经济发展的内在机理（见图 3.1），提出研究假设。具体如下：

第一，中国售电侧市场化改革尚未能充分发挥价格机制，形成有效竞争的售电市场，且政府未坚持立法先行，导致需求侧响应不足加剧了售电市场竞争失效，进而导致对市场主体技术革新激励降低，不能通过"创新补偿机制"实现绿色经济效应。当下的售电业务仅是"价差"利益从企业到个人的重新分配，因此，售电侧市场化改革未能有效推动区域绿色经济发展。

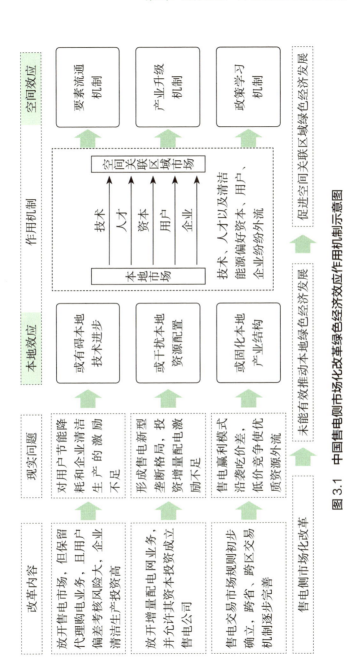

图 3.1 中国售电侧市场化改革绿色经济效应作用机制示意图

第二，尽管售电侧市场化改革在市场准入条例中附加有关清洁生产的条约，并鼓励分布式电源用户参与售电侧市场竞争，能够在一定程度上倒逼部分发电企业及电力用户革新生产技术、降低污染排放，以获得市场准入资格参与电力市场交易。实际改革过程中，电网企业可能凭借代理购售电资格挤占售电侧市场主体的利润空间，削弱部分企业获得市场准入资格的意愿。同时，电力用户参与售电侧市场竞争所须承担偏差考核风险，而选择购电代理在降低考核处罚风险的同时，阻碍了电力用户引入数字技术监管实时用电，提升电能应用效率的可能。此外，发电企业碳配额费用负担显著低于清洁化生产成本、清洁发电建设成本高、风险大、收益高度不确定性等问题的存在，或将降低部分发电企业实现清洁煤电生产或拓展可再生能源发电业务的意愿，变革技术的预期收益尚不明确，进一步阻碍了发电企业的转型发展。

第三，售电侧市场化改革放开由社会资本投资增量配电网，拥有配电网运营权主体的售电资格，有助于提升电力系统的建设效率，并保障分布式电源的资源优化配置，进而提升电力现货市场的安全性与效率。然而，资格放开后，拥有区域配电网经营权的售电公司可能依托配电网实现对电厂和用户的自然垄断，损害了售电侧市场交易公平，不利于区域电能的优化配置。与此同时，由于当前增量配网业务面临电源接入难、投资风险高等问题，放开售电资格对社会资本投资配电业务的激励效果有限。此外，售电侧电力用户对微电网的接受情况不佳，微电网主体在售电侧市场中体量小、竞争优势暂不明显。这使售电侧市场化改革难以通过挖掘分布式电源存量，以微电网形式优化资源配置，提升清洁能源消纳水平。

第四，在有序放开配电网业务经营的基础上，售电侧市场化改革引导售电公司投资增量配网业务建设，发展增值服务的硬性电力设施，在一定程度上助力其寻找开展增值服务的着力点。通过引导售电公司等售电侧市场经营主体开展智能综合能源服务等增值服务，电力行业能够与其他新兴行业形成良性互动，推动区域产业结构转型升级。但事实上，由于增值业务市场发育不足，改革初期售电公司仍可能沿袭原电网企业经营模式，依靠"低买高卖"赚取差价实现赢利，致使无序竞争。大量售电公司因经营亏损更无力拓展增值服务，变更差异化经营模式，实现与用户的双赢，在一定程度上阻碍了电力行业与计算机服务等新兴行业良性互动，抑制区域产业结构转型步伐。与此同时，无序竞争有可能通过挤占清洁发电企业的赢利空间，逼迫其退出本地市场，并带动清洁电能用户、优质金融资本、清洁生产技术及专业人才的外流，最终引发产业结构固化效应。

第五，现阶段跨省跨区电能交易机制的不断完善有助于促进电力资源大范围优化配置和清洁能源消纳，协同售电侧改革的经济效应，引发改革试点对空间关联区域绿色经济发展的溢出影响。具体而言，售电侧市场化改革或将引发具有配电网运营权主体的垄断经营或市场内低价竞争局势，挤出本地电力资源或倒逼本地电力行业辅助服务、增值服务相关企业拓展业务空间范围，进而助力空间关联区域改善能源短缺局势。与此同时，售电侧市场的无序竞争格局还可能促使清洁发电企业与清洁能源用户退出本地市场，转移到具有绿色能源发展潜力的空间关联区域，并通过创新人才、技术、优质金融资源的要素转移，助力邻近区域依托能源结构优化，实现产业结构升级。此外，售电侧市场化改革试点区域的政策执行还可能直接影响邻近非试点或后进地区政府的政策布局，通过"学习效应""警示效应"助力邻近区域的绿色经济发展。因此，售电侧市场化改革存在空间溢出效应，其将通过"要素流通机制""产业升级机制"以及"政策学习机制"推动邻近区域绿色经济发展。

第4章

发展受限：
售电侧改革本地绿色效应

本书前三章梳理了中国售电侧市场化改革的基础理论、文献、改革现状及困境，分析得出改革对区域绿色经济发展的作用机理。本章为了对理论分析和改革现状进行验证，聚焦于中国售电侧市场化改革对本地区的绿色经济效应，在使用 SBM 模型-GML 指数测算区域绿色全要素生产率基础之上，手动整理各省售电侧市场化改革政策时间，构建渐进型 DID 模型就售电侧电力市场改革对本区域绿色经济发展的影响效果进行估计。经过对结果进行平行趋势检验和一系列稳健性检验，验证了回归结果的稳健性。最后基于不同地方电力立法水平、金融发展水平、产权保护力度的地区进行异质性检验，以验证中国售电侧市场化改革的本地绿色经济效应的异质性。

第1节 研究设计

一、模型设定

为探究中国售电侧市场化改革能否实现绿色经济效应，参考已有研究做法，本书构建如下渐进性 DID 模型就中国售电侧市场化改革对区域绿色经济发展的影响效果进行估计。

$$GTFP_{i,t} = \alpha_0 + \alpha_1 DID_{i,t} + \sum \alpha_k Control_{i,t} + \gamma_i + \lambda_t + \epsilon_{i,t} \quad (4.1)$$

其中，i、t 分别代表省份和时间；$GTFP_{i,t}$ 为被解释变量，表征 i 省份 t 年度的绿色经济发展情况；$DID_{i,t}$ 为中国售电侧市场化改革政策变量，依据各省份政策实施时间设定。$Control_{i,t}$ 为一系列省级层面控制变量。同时，考虑到各区域间不随时间变动的不可观测差异特征以及宏观经济发展趋势，均会在中国售电侧市场化改革对区域绿色经济发展的影响关系中产生干扰，本书控制了省份固定效应 γ_i 与时间固定效应 λ_t。$\epsilon_{i,t}$ 为随机扰动项。我们关注的系数对象是 α_1，若其表现为负，则说明中国售电侧市场化改革可能抑制了区域绿色经济发展。若其表现为正，则说明售电侧市场化改革可以实现绿色经济效应。

实际上，运用 DID 方法的必备条件是样本需满足平行趋势假设。平行趋势假设是指在不存在政策冲击情况下，处理组与控制组样本之间不具有系统性差异。即在 2015 年中国售电侧市场化改革前，各省份间绿色经济发展变动趋势需具有一致性，从而证明随各省陆续开展售电侧改革，分组样本间绿色经济发展变动差异并非政策冲击前各分组样本自有增减变动趋势所导致的结果。因而本书构建动态双重差分模型验证处理组与对照组在政策实施前的绿色经济发展水平变动是否具有差异。同时，该模型还可检验中国售电侧市场化改革实施后 DID 对各省绿色经济发展的动态影响效果。模型具体构建如下：

$$GTFP_{i,t}=\alpha_0 + \sum_{K=1}^{6} F_k DID_{i,t-k} + \sum_{j=0}^{5} L_j DID_{i,t+j} + \sum \alpha_k Control_{i,t}$$
$$+\gamma_i + \lambda_t + \epsilon_{i,t} \tag{4.2}$$

模型（4.2）中下标 i、t 分别代表省份和时间。$DID_{i,t-k}$ 表示售电侧市场化改革政策的第 k 期前置项。若所有系数 F_k 的表现结果均不显著，则说明售电侧市场化改革政策实施前处理组与参照组之间绿色经济发展水平的变动不存在显著系统性差异，平行趋势假设得以验证。L_j 表示售电侧市场化改革政策第 j 期滞后项。如果第 j 期系数 L_j 表现为正，则说明售电侧市场化改革政策实施后第 j 区域绿色经济效应依旧存在。若 L_j 表现为负，则说明售电侧市场化改革后第 j 期依旧对区域绿色经济发展存在抑制效果。

二、变量选择

（一）被解释变量

本书的被解释变量是区域绿色经济发展。实现高质量经济发展的根源是区域资源的合理配置与高效利用，因此已有众多学者基于全要素生产率指标的测算探究区域经济增长源泉。全要素生产率（Total Factor Productivity，TFP）作为宏观经济研究的重要指标，其测算最早可追溯至 20 世纪 60 年代，现已成为分析各要素投入产出对经济增长贡献，并制订、预测、评估政策有效性的基础。考虑传统全要素生产率指标无法突出区域经济发展的绿色特性，而本书重点关注中国售电侧市场化改革的绿色经济效应，因此参考已有研究，我们选用绿色全要素生产率指标衡量区域绿色经济发展水平。现有研究多使用随机前沿分析法（Stochastic Frontier Analysis，SFA）与非参数确定性前沿生产函数法，即数据包络方法（Data Envelopment Analysis，DEA），进行区域全要素生产率的测算。由于 DEA 法模型前提假设条件相对宽松，能灵活处理环境污染等非合意产出变量，被广泛应用于区域绿色全要素生产率的测算，本书将使用 DEA 法对中国售电侧市场化改革的绿色经济效率进行计算。且由于 SBM 模型可同时考虑投入与产出两个导向，使投入产出的改进值容纳了松弛变量，以 2009 年为基期，本书使用能够保证 DMU 投影强有效性的非径向 SBM 模型，并选用 SBM 模型—GML 指数进行区域绿色全要素生产率指标（GTFP）的测算。

区域经济在劳动、资本与能源要素的不断投入下得以运转，为此本书将从劳动要素、资本要素与能源要素三个角度选择投入要素测算指标。具体而言，首先，劳动投入要素使用各省份年末就业人员数进行测度，数据来源于各省市自治区的统计年鉴，缺失数据以该省国民发展与统计公报中披露数据补值。其次，资本投入要素为实际资本存量指标，由于现阶段无法直接获取中国各区域资本存量统计数据，使用永续盘存法就区域实际资本存量情况进行估算。为减少测算误差，同时规避过早基期设定引发的投资序列不完备问题，本书参考郭家堂和骆品亮的做法，将单豪杰所测算的2000年资本存量数据转为2000年当年价，并以此为基础测算中国各省份实际资本存量，具体测算如公式（4.3）所示。

$$K_{i,t} = K_{i,(t-1)}(1-\delta_{i,t}) + I_{i,t} / P_{i,t} \qquad （4.3）$$

其中，i与t分别代表省份与年份；K表征各省份实际资本存量测量数值；I为各区域固定资产投资总额的当年价；P用于指代固定资产投资价格指数；δ为5%折旧率。最后，能源投入要素使用各省市自治区的能源消费量（万吨标准煤）指标（该数据源自《中国能源统计年鉴》）。

产出指标的选取包括合意产出与非合意产出两个维度。由于地区生产总值能反映区域生产活动产出结果，是国民经济核算的核心指标，本书将各省份实际地区生产总值（以2009年为基期进行折算）作为区域绿色经济发展的合意产出指标，相关数据源自中国国家统计局。实际上，在绿色全要素生产率的测算过程中，非合意指标的选择更为关键。在绿色全要素生产率测算过程中，已有众多研究将三废排放量、化学需氧量（COD）、二氧化硫等排放指标纳入非合意产出进行评估。然而，考虑到大气污染与水污染问题是中国绿色经济发展的阻碍，且现阶段化学需氧量与二氧化硫成为中国工业生产的重点管控污染物，参考已有研究做法，本书所选用的非合意产出指标为各省份工业废水中化学需氧量排放量与工业废气中二氧化硫排放总量，数据来源于《中国环境统计年鉴》。

（二）解释变量

本书解释变量是中国售电侧市场化改革政策变量。2015 年，"9 号文"与电力体制改革配套文件陆续下发。

依据指导文件，国家发展和改革委员会办公厅与国家能源局综合司陆续审批并同意相关省份开展电力体制改革综合试点或售电侧改革试点工作。因电力体制改革综合试点工作包含售电侧改革相关内容，若某省份成为电力体制改革综合试点，即可视作其售电侧改革政策已实施。通过手动查阅中华人民共和国国家发展和改革委员会网站，本书依据各政策文件整理了中国售电侧市场化改革各省实施时间，作为 DID 政策变量的构建基础，具体信息如表 4.1 所示。可以发现，各省份售电侧改革试点工作开展时间存在显著差异，因此本书并不适用于传统型 DID 模型设定。考虑到各省份电力市场化改革试点均需要通过国家发展和改革委员会与国家能源局批复，因此尽管部分省份综合试点复函文件公布时间处于年尾期间，本书依旧以政策文件公布年份为政策变量设定依据。本书将各省通过电力体制改革或售电侧改革综合试点复函文件的公布年份作为其售电侧市场化改革实施起始时间，并将当年及此后期间省份售电侧改革政策变量设定为1，否则为0，据此构造本书中国售电侧市场化改革变量。

表 4.1 中国售电侧市场化改革各地区实施时间

地区	政策时间	政策文件
云南省、贵州省	2015年11月9日	关于同意云南省、贵州省开展电力体制改革综合试点的复函（发改办经体〔2015〕2604号）
重庆市、广东省	2015年11月28日	关于同意重庆市、广东省开展售电侧改革试点的复函（发改办经体〔2015〕3117号）
山西省	2016年1月28日	关于同意山西省开展电力体制改革综合试点的复函（发改办经体〔2016〕176号）
广西壮族自治区	2016年5月20日	关于同意广西壮族自治区开展电力体制改革综合试点的复函（发改办经体〔2016〕1096号）
北京市、福建省	2016年8月26日	关于同意北京市开展电力体制改革综合试点的复函（发改办经体〔2016〕1853号） 关于同意福建省开展售电侧改革试点的复函（发改办经体〔2016〕1855号）
甘肃省、海南省、黑龙江省	2016年8月29日	关于同意甘肃省开展电力体制改革试点的复函（发改办经体〔2016〕1924号）

续表

地区	政策时间	政策文件
甘肃省、海南省、黑龙江省	2016 年 8 月 29 日	关于同意海南省开展电力体制改革试点的复函（发改办经体〔2016〕1860 号）
		关于同意黑龙江省开展售电侧改革试点的复函（发改办经体〔2016〕1928 号）
河南省、新疆维吾尔自治区、山东省	2016 年 8 月 30 日	关于同意河南省、新疆维吾尔自治区、山东省开展电力体制改革综合试点的复函（发改办经体〔2016〕1894 号）
湖北省、四川省、辽宁省、陕西省、安徽省	2016 年 8 月 31 日	关于同意湖北等 5 省开展电力体制改革综合试点的复函（发改办经体〔2016〕1900 号）
宁夏回族自治区	2016 年 9 月 26 日	关于同意宁夏回族自治区开展电力体制改革综合试点的复函（发改办经体〔2016〕2046 号）
河北省	2016 年 10 月 11 日	关于同意河北省开展售电侧改革试点的复函（发改办经体〔2016〕2131 号）
浙江省	2016 年 10 月 13 日	关于同意浙江省开展售电侧改革试点的复函（发改办经体〔2016〕2140 号）
上海市	2016 年 10 月 19 日	关于同意上海市开展电力体制改革试点的复函（发改办经体〔2016〕2163 号）
内蒙古自治区	2016 年 10 月 28 日	关于同意内蒙古自治区开展电力体制改革综合试点的复函（发改办经体〔2016〕2192 号）

续表

地区	政策时间	政策文件
湖南省	2016 年 10 月 30 日	关于同意湖南省开展电力体制改革综合试点的复函 （发改办经体〔2016〕2504 号）
吉林省	2016 年 10 月 31 日	关于同意吉林省开展售电侧改革试点的复函 （发改办经体〔2016〕2236 号）
江西省	2016 年 11 月 4 日	关于同意江西省开展售电侧改革试点的复函 （发改办经体〔2016〕2336 号）
天津市、青海省	2016 年 11 月 27 日	关于同意天津市、青海省开展电力体制改革综合试点的复函 （发改办经体〔2016〕2477 号）
江苏省	2017 年 3 月 7 日	关于同意江苏省开展售电侧改革试点的复函 （发改办经体〔2017〕343 号）
西藏自治区	2018 年 6 月 14 日	关于同意西藏自治区开展电力体制改革的复函 （发改办经体〔2018〕892 号）

数据来源：中华人民共和国国家发展和改革委员会网站。

（三）控制变量

为缓解遗漏变量的存在导致模型设定存在的内生性问题，参考相关研究，本书对省份层面能够同时影响售电侧电力市场改革及区域绿色经济发展的相关因素在模型中加以控制。经济维度变量主要包括：区域经济发展水平（ $lnpgdp$ ）、产业结构（ $Indus2$ 、 $Indus3$ ）、外商资本参与（ $lnfdi$ ）、进出口经济规模（ $lnexport$ ）与金融市场规模（ $lndebt$ ）。能源与环境维度因素主要为：区域电力能源使用（ $lnelec$ ）与环境治理水平（ $lnenvir$ ）。其中，区域经济发展水平为人均国内生产总值（元）的对数值（ $lnpgdp$ ）；产业结构使用省份第二产业与第三产业产值占地区生产总值比重（ $Indus2$ 、 $Indus3$ ，%）衡量；外商资本参与使用省份外商直接投资（万元）的对数值（ $lnfdi$ ）测度；进出口经济规模则使用区域按经营所在地分货物进出口金额（万元）的对数值（ $lnexport$ ）衡量；金融市场规模指标以各省份银行业金融机构各项存贷款余额（亿元）的对数值（ $lndebt$ ）测度。电力能源使用情况以各省份年度电力消费量亿千瓦小时的对数值（ $lnelec$ ）表征，而环境治理水平以省级环境污染治理投资总额（亿元）的对数值（ $lnenvir$ ）衡量。控制变量选取原因如下。

首先，经济发展水平（ $lnpgdp$ ）与电力市场售电侧改革及区域绿色经济进程息息相关。更大的经济体量、更快的经济增速将影响各省经济社会发展对其他区域的辐射能力，直接决定省份的资源吸收能力，进而影响其售电侧改革效率与绿色经济发展。其次，产业结构（ $Indus2$ 、 $Indus3$ ）作为衡量区域经济发展水平的另一关键变量，能够反映省份经济增长结构。第二产业占比更高省份，因更多工业生产主体数量产生大量污染，损害区域绿色经济效益。而第三产业占比更高区域一般拥有更多高新技术企业，引导区域产业结构变革将利于本地经济绿色发展。同时，相较于第一产业，第二、第三产业发展需要更多的能源投入，很可能成为激励政府进行电力市场售电侧改革的因素。最后，外商资本参与、进出口经济规模与金融市场规模分别映射了区域经济发展中的外商资本参与水平、对外经济贸易规模与金融资源禀赋状况。外商资本流入（lnfdi）有助于包括电力行业在内的各经营主体接触前沿生产技术，以技术革新、资源引进改善生产效率，推动售电侧电力市场改革与区域绿色经济发展。而更为活跃的对外经济贸易（lnexport）既是激励企业转型升级参与国际市场竞争的诱因，也是压迫企业生存空间，对其施加经营压力的环境要素，因此成为同时影响区域售电侧电力市场改革与经济绿色发展水平的重要变量。最后，区域金融资源禀赋状况（lndebt）将通过影响企业转型发展、创新效率，成为引发售电侧电力市场改革及区域绿色经济发展变动的相关因素。除此之外，区域电力能源使用（lnelec）也是影响政府开展售电侧市场化改革的关键。因为在经济发展过程中，更大的电能需求与电力交易市场规模意味着售电侧改革的预期收益率更高，能够成为政府申报电力体制改革试点的激励。而区域环境治理水平（lnenvir）是影响省份绿色经济发展的重要因素，因此也将其作为本书控制变量。

三、数据来源

为研究售电侧电力市场改革的绿色经济效应，本书选择中国各省份为研究对象。考虑到 2008 年金融危机前后区域经济发展水平存在系统性差异，本书将样本起始时间点设定为 2009 年，将样本数据期间截至 2020 年。测算被解释变量的数据来源包括：中国国家统计局、《中国能源统计年鉴》《中国统计年鉴》《中国城市统计年鉴》《中国环境统计年鉴》与国民发展与统计公报。该指标具体测度方式在上文已进行详述说明，故不赘述。本书依据国家发展和改革委员会的网站信息手动整理中国售电侧市场化改革各地区实施时间，以此为基础设定售电侧改革政策变量。各控制变量源自《中国统计年鉴》《中国城市统计年鉴》。最终，本书形成了 2009—2020 年 30 个地区的平衡面板数据，变量描述性统计如表 4.2 所示。

第 2 节　实证结果与分析

一、基准回归结果

使用模型（4.1）进行估计的结果显示（见表 4.3），当仅加入区域经济发展维度控制变量，聚类到省份且控制省份与时间固定效应时，售电侧市场化改革（ DID ）对区域绿色全要素生产率（ $GTFP$ ）的负向影响在 5% 水平下显著（第 1、第 2 列）。进一步考虑能源与环境维度因素的影响效果后，表中结果显示售电侧市场化改革（ DID ）对区域绿色全要素生产率（ $GTFP$ ）的负向影响转变为在 1% 水平下显著（第 3 列）。上述结果初步表明，中国售电侧市场化改革阻碍了区域绿色经济发展进程，违背了深

表 4.2　变量描述性统计

类型	变量	缩写	指标描述	N	均值	最小值	最大值	标准差
因变量	绿色全要素生产率	$GTFP$	比值	360	1.431	0.318	4.560	0.784
自变量	售电侧市场化改革	DID	政策变量	360	0.175	0.000	1.000	0.380
控制变量	区域经济发展水平	$lnpgdp$	对数值	360	9.409	6.475	11.404	0.944
	第二产业产值占比	$Indus2$	比值	360	46.640	19.014	61.500	8.190
	第三产业产值占比	$Indus3$	比值	360	42.551	28.600	80.556	9.159
	外商资本参与	$lnfdi$	对数值	360	6.123	2.996	9.777	1.406
	进出口经济规模	$lnexport$	对数值	360	13.529	6.027	17.896	2.419
	金融市场规模	$lndebt$	对数值	360	10.396	7.399	12.678	0.998
	电力能源使用	$lnelec$	对数值	360	7.091	4.582	8.693	0.734
	环境治理水平	$lnenvir$	对数值	360	5.004	1.808	7.256	0.961

表 4.3　基准回归结果

	(1)	(2)	(3)
	GTFP		
DID	−0.1503**	−0.1413**	−0.1756***
	(0.0632)	(0.0598)	(0.0519)
lnpgdp	0.7468	1.2824**	1.3672**
	(0.4401)	(0.5249)	(0.5076)
*Indus*2	−0.0148	−0.0023	−0.0028
	(0.0217)	(0.0144)	(0.0160)
*Indus*3	−0.0045	0.0095	0.0077
	(0.0248)	(0.0157)	(0.0168)
lnfdi	—	0.0735	0.0753
	—	(0.0716)	(0.0713)
lnexport	—	−0.0206	−0.0275
	—	(0.0389)	(0.0340)
lndebt	—	−1.0228*	−0.5309
	—	(0.5212)	(0.4880)
lnelec	—	—	−0.4384***
	—	—	(0.1224)
lnenvir	—	—	−0.1175
	—	—	(0.0750)
常数项	−4.6843	−0.4451	−2.4748
	(4.0784)	(4.0685)	(4.5582)
省份固定效应	是	是	是
时间固定效应	是	是	是

	(1)	(2)	(3)
	GTFP		
N	360	360	360
R^2	0.9416	0.9458	0.9510

注: ***, ** 和 * 表示在1%, 5% 和10%水平下显著; 括号内为省级层面聚类稳健标准误。

化电力体制改革提高能源利用效率、促进节能环保的总体目标。

实际上, 在售电侧市场化改革初期, 大量售电企业便以低价竞争策略抢占市场用户资源, 扰乱了市场公平竞争秩序。随电煤价格日益高涨, "只降不升" 的电力价格体系不仅无法调动发电端电力企业生产积极性, 也难以通过价格机制调节电力市场供需。基于此, 出现发电企业形成卡特尔联盟, 意图垄断发电市场的现象。更有甚者在与售电企业达成 "长协电量" 交易合同时, 向其索取高额 "居间费", 进一步阻碍了电力交易市场的市场化进程。电价疏导机制的缺乏以及市场监管失灵, 加剧了电力企业长期市场竞争压力, 挤占电力企业生存空间。价格机制失灵导致售电市场竞争无序, 并未实现能源利用效率提高的目的, 反而诱使经营企业 "杀" 电价, 借售电企业攫取利润, 而不是选择进行技术革新、使用清洁能源。

综上, 尽管售电侧市场化改革打破了统购统销模式下电网企业的唯一垄断, 构建了多元化的售电市场, 提升了售电公司的成立数量, 使电力市场交易形式更加多样化。售电侧市场化改革过程中，并不灵活的电价机制以及低效的市场监管手段，削弱了电力市场信息流通效率，降低了电力市场的交易透明度。售电侧市场中发电、输配电、售电、购电主体的不良市场竞争行为频发，形成电力市场"新垄断局势"，区域间的资源错配不但削弱了售电侧电力市场改革的预期政策效果，更难以实现售电侧市场化改革的绿色经济效应。

二、平行趋势检验与动态效应分析

中国售电侧市场化改革对区域绿色经济发展影响的平行趋势检验结果如图4.1所示。观察图中结果，可以发现，售电侧市场化改革政策实施前虚拟变量（ DID ）并未对各省绿色全要素生产率（ $GTFP$ ）产生显著影响，从而说明在售电侧市场化改革前，处理组与对照组间绿色经济发展变动趋势并不存在显著差异，平行趋势假设得以验证。进一步地，售电侧市场化改革政策施行对省份绿色全要素生产率的动态影响效果显示，售电侧市场化改革政策实施当期即产生显著影响，且随后该影响系数逐年增大，显著性逐渐降低。与此同时，动态效应结果显示第 5 期售电侧市场化改革政策对各省绿色全要素生产率的负向影响效果不再显著，这可能是由于因部分售电企业对市场供需形势的误判，引发了"批零倒挂"局势，严重损害了自身经营绩效，改革后期众多售电企业纷纷退出市场，在一定程度上缓解了电力市场无序竞争局势。因此，随着时间的推进，售电侧市场化改革政策对各省

147

绿色全要素生产率的负向影响逐渐削弱，且于政策后第 5 期，该影响效果中断。

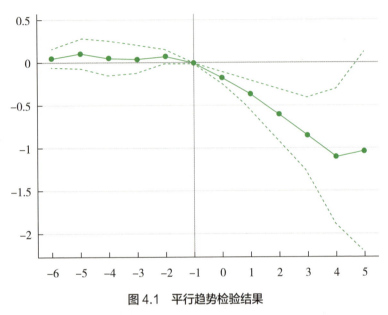

图 4.1 平行趋势检验结果

注：基期设定为政策前 1 年，置信区间为 90%。

第 3 节　稳健性检验

尽管在前文中，本书已通过控制省份、时间固定效应，以及使用省级层面聚类稳健标准误的方式提升了售电侧市场化改革影响区域绿色经济发展估计结果的可信度。为进一步考察基准回归结果稳健性，检验其他潜在研究设计缺陷是否将显著影响前文估计结果，本书将进一步使用更换因变量、更换聚类稳健标准误、调整样本期间以及安慰剂检验的方式，就售电侧市场化改革绿色经济效应的基准回归结果进行稳健性检验。

一、更换因变量

在基准回归中，本书使用 SBM 模型–GML 指数测算了省级层面绿色全要素生产率指标（ $GTFP$ ）。考虑到 SBM 模型无法进一步区分有效决策单元（DUM）效率大小，参考已有研究做法，我们结合 SBM 模型及超效率 DEA 模型，建立 SBM 超效率模型（Super-SBM）再次测算并将所测度的新效率指数（ $SuperGTFP$ ），作为对原有省级层面绿色全要素生产率的更替，开展稳健性检验。回归结果见表 4.4 第 1 列。估计结果显示， DID 对超效率绿色全要素生产率指标（ $SuperGTFP$ ）的负向影响结果在 1% 水平下显著，该结果证实，将由 Super-SBM 模型测算的绿色全要素生产率作为对原有因变量的更替开展稳健性检验，上述基准回归结果与更替因变量后的检验结果未显现出明显差异，故在一定程度上验证了其稳健性。

表 4.4 稳健性检验

	(1)	(2)	(3)
	$SuperGTFP$	$GTFP$	$GTFP$
DID	−0.1747***	−0.1756***	−0.1754**
	(0.0520)	(0.0432)	(0.0682)
$Controls$	是	是	是

续表

	(1)	(2)	(3)
	SuperGTFP	*GTFP*	*GTFP*
常数项	−2.3595	−2.4748	−3.6346
	(4.6247)	(3.8916)	(3.6790)
省份固定效应	是	是	是
时间固定效应	是	是	是
聚类层级	省份	省份−时间	省份
N	360	360	330
R^2	0.9508	0.9516	0.9659

注：***，** 和 * 表示在 1%，5% 和 10% 水平下显著；括号内为聚类稳健标准误；控制变量与基准回归一致。

二、更换聚类稳健标准误

本节基准回归部分将聚类层级设定为省级层面。由于更换更为稳健的标准误进行估计会降低统计推断的偏差，对基准回归结果的显著性产生直接影响，参考已有研究做法，我们选择采用省份−时间层面聚类稳健标准误进一步检验基准回归结果的稳健性，估计结果见表 4.4 第 2 列所示。可以发现，同时控制省份及时间固定效应情况下，使用省份−时间聚类稳健标准误进行估计时，*DID* 对 *GTFP* 能够在 1% 水平下发挥显著抑制作用。上述结果意味着，更换更高维聚类稳健标准误进行回归的结果并未与前文出现较大差异，从而证明了本书的基准回归结果具有稳健性。

三、调整样本区间

本书设定的样本期间为 2009—2020 年。在 2020 年底新冠疫情的冲击下，餐饮、商贸等服务业大批停摆，以及部分加工制造业停工停产，使社会用电需求量下降，电力行业企业的经济绩效大幅度降低。逐渐增长的经营压力既可能是电力企业降本增效的动因，也可能成为抑制电力企业市场化转型的阻碍。因此，为进一步避免 2020 年初新冠疫情冲击下电力企业经营决策调整对售电侧市场化改革绿色经济效应估计结果所产生的影响，本书将样本期间调整为 2009—2019 年，进行稳健性检验。表 4.4 中第 3 列估计结果显示，DID 对 $GTFP$ 的负向影响具有 5% 的显著性水平，说明更换样本期间进行估计，回归结果并不会与前文出现较大差异，提升了本书基准回归结果的可信度。

四、安慰剂检验

前文虽控制了省份与时间层面可观测的系统性差异，如经济发展水平、能源与环境因素等，但售电侧市场化改革对区域绿色经济发展的影响效应仍可能受到其他不可观测因素的干扰。基于此，本书构建反事实框架，对基准回归结果进行安慰剂检验。即若在构建 DID_{fake} 虚假处理效应下同样观察到区域绿色全要素生产率指标显著提高或降低，则说明区域绿色经济发展可能源于其他不可观测的系统性因素，而非售电侧市场化改革效果。本书利用 Bootstrap 技术将各省份随机分配为处理组和参照组，并按模型（1）重复回归 500 次，随机抽取实验组安慰剂检验结果见图 4.2 所示。分析回归统计结果可以发现 DID_{fake} 对 $GTFP$ 的边际影响系数的 β 值呈近似正态分布。且 500 次抽样结果均显示，系数绝对值低于 -0.1756 概率为 0，说明在随机 500 次实验中，构造的售电侧市场化改革虚假政策效应 DID_{fake} 对 $GTFP$ 的回归系数的绝对值低于 -0.1756 为小概率事件。因此，售电侧市场化改革对区域绿色经济发展的影响并非虚假处理效应。

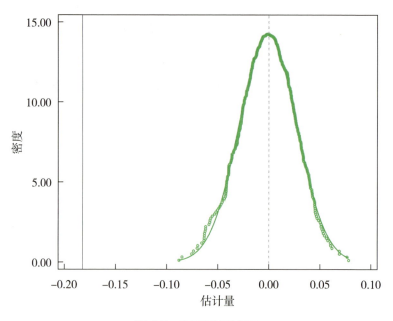

图 4.2　安慰剂检验结果

第4节　异质性分析

为探究售电侧市场化改革对区域绿色经济发展的影响效果是否存在异质性表现，侧面印证售电侧市场化改革影响区域绿色经济发展的内在机制，在本节中我们将分别基于检验地方电力立法水平、金融发展水平、产权保护力度视角进行分组回归，开展异质性分析。

一、地方电力立法水平异质性

在电力立法水平较高地区，有关电力领域的市场监管与针对电力设施保护、电力交易的规范较细致，对电力侵权违法行为的执法力度较强。在政府的监管下，各售电主体能够在公平有序竞争的售电市场中进行电力交易，有利于售电公司规范交易行为，破除售电新型垄断格局，进一步遏制售电市场的不正当竞争。一个良好的法治环境将引领和指导售电市场各个主体进行自我革新，不断推动自身提高核心竞争力，而非关注权力寻租，因而能够倒逼电力生产企业进行技术革新，推动电网企业精进电力设施建设和电网调度能力，推动售电公司拓宽赢利渠道，增强电力需求侧服务能力，使电力用户真正拥有选择权。因此，不同地方电力立法水平的地区售电侧市场化改革对其绿色经济发展的影响效果可能存在差异。

基于此，为检验中国售电侧市场化改革对不同电力立法水平的地区绿色经济发展的影响是否存在异质性表现，本书根据各试点地区电力领域立法情况对各地电力立法水平进行评分，综合性电力法规 5 分，其他电力地方性法规 2 分，售电公司管理办法等地方规范性文件 1 分，记分结果如图 4.3 所示。再根据法规文件发布时间形成 2009—2020 年全国 30 个试点地区电力立法水平面板数据，并将分值大于 2 的各省份划分为电力立法水平高组样本，其余为低组样本。分组回归结果列示于表 4.5 中，可以发现，电力立法水平较强区域 DID 对其 $GTFP$ 并未产生显著影响（第 1 列），而电力立法水平较弱省份 DID 对其 $GTFP$ 的负向影响在 5% 水平下显著（第 2 列）。采用 SUE 方法对系数差异进行检验，发现两组样本的系数差异在 5% 水平下显著。该结果进一步证实，售电侧市场化改革对区域绿色经济发展的影响效果因各省份电力立法水平不同而存在差异。

表 4.5 电力立法水平异质性

	(1)	(2)
	$GTFP$	
	电力立法水平高	电力立法水平低
DID	−0.1658	−0.3077**
	(0.1002)	(0.1216)
$Controls$	是	是
常数项	−0.8239	−12.8419
	(6.5334)	(3.4182)
省份固定效应	是	是
时间固定效应	是	是

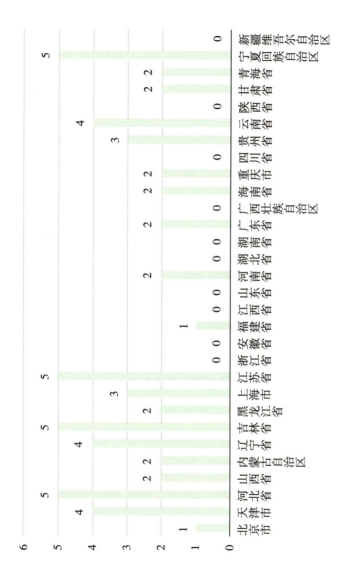

图 4.3 全国各地区电力立法水平分值

数据来源：根据各地区电力立法情况整理绘制。
（注：不含港澳台地区和西藏自治区数据）

续表

	(1)	(2)
	GTFP	
	电力立法水平高	电力立法水平低
DID 系数差异检验	Chi2=5.74**	
N	197	162
R^2	0.9726	0.9310

注：***，** 和 * 表示在 1%，5% 和 10% 水平下显著；括号内为省份层面聚类稳健标准误；控制变量与基准回归一致。

二、金融发展水平异质性

金融资源禀赋条件是影响区域商品市场效率的重要因素。各单位生产经营全流程对各类金融资源的需求量庞大，因此充足的金融资源意味着区域内金融市场交易可能更为活跃。而较低的市场竞争压力也削弱了部分企业通过非正当竞争行为攫取金融资源的动机，在一定程度上缓和售电端企业错判电力市场需求的现金流短缺风险。更高的金融发展水平还意味着区域内金融资源的流动速率更快，众多电力行业内中、小微企业经营能够及时得到所需资金扶持，不必走向经营极端，扰乱电力交易市场秩序。此外，金融资源禀赋区域企业更能够参与资本市场竞争获取创新或转型升级所需资本，在售电侧市场化改革引导下，进行技术革新、使用清洁能源，由此进一步推动电力行业发展方式转变和能源结构优化，实现区域绿色经济效应。因此。不同金融发展水平地区售电侧市场化改革对其绿色经济发展的影响效果可能存在差异。

　　基于上述分析，为检验中国售电侧市场化改革对不同金融发展水平地区绿色经济发展的影响是否存在异质性表现，本书以区域金融机构存、贷款余额差额作为金融发展水平的代理变量。在根据全样本均值将各省划分为金融发展水平强组与弱组样本后，分别进行估计，回归结果列示于表 4.6 中。估计结果显示，金融发展水平较高区域 *DID* 对其 *GTFP* 并未产生显著影响（第 1 列），而金融发展水平较低省份 *DID* 对其 *GTFP* 的负向影响在 10% 水平下显著（第 2 列）。采用 SUE 方法对两组样本的系数差异进行检验，发现均在 5% 水平上显著。结果证实，售电侧市场化改革对区域绿色经济发展的影响效果因各省份金融发展水平不同而存在差异，金融发展水平较弱地区推动售电侧市场化改革将抑制其绿色全要素生产率指数。

表 4.6　金融发展水平异质性

	(1)	(2)
	GTFP	
	金融发展水平高	金融发展水平低
DID	−0.1136	−0.1202*
	(0.0961)	(0.0636)
Controls	是	是
常数项	−11.0462	−3.3979
	(7.5647)	(4.2557)
省份固定效应	是	是
时间固定效应	是	是

续表

	(1)	(2)
	GTFP	
	金融发展水平高	金融发展水平低
DID 系数差异检验	Chi²=4.59**	
N	98	261
R^2	0.9627	0.9534

注：***，**和*表示在1%，5%和10%水平下显著；括号内为省份层面聚类稳健标准误；控制变量与基准回归一致。

三、产权保护力度异质性

在知识产权保护力度较高地区，有关知识产权保护的市场监管与针对侵权违法行为的执法力度较强。在此情形下，政府为创新主体提供的创新扶持政策更能有效实施，降低了投机者使用低质量专利发明骗取财税补贴的可能性，扼制了"专利泡沫"现象，能够对个体创新意愿产生有效激励。售电侧电力市场改革下，知识产权保护力度更强区域，更能够保证创新主体技术创新产出的经济收益，通过促进经济结构调整、节能减排和产业升级，进一步推动电力行业发展方式转变和能源结构优化。与此同时，更强的知识产权保护力度有助于带动发电企业升级生产技术，强化能源领域科技创新，提高清洁能源与分布式能源局域电力供应比例，通过降低发电企业生产成本，缓解低效电价机制对发电企业的无效激励。因此，不同产权保护力度地区售电侧市场化改革对其绿色经济发展的影响效果可能存在差异。

　　基于此，为检验中国售电侧市场化改革对不同产权保护力度地区绿色经济发展的影响是否存在异质性表现，本书选用各省份专利执法情况表征地区知识产权保护水平。具体而言，将各省份当年专利合同纠纷和专利权属、侵权纠纷立案数加总所得到的各省份专利执法累计立案数进行对数化处理生成异质性变量，并依据样本均值将各省份划分为产权保护力度高组与低组样本。分组回归结果列示于表 4.7 中。可以发现，产权保护力度较强区域 *DID* 对其 *GTFP* 并未产生显著影响（第 1 列），而产权保护力度较弱省份 *DID* 对其 *GTFP* 的负向影响在 5% 水平下显著（第 2 列）。采用 SUE 方法对两组样本的系数差异进行检验，发现其均在 5% 水平下显著。结果显示，售电侧市场化改革对区域绿色经济发展的影响效果因各省份产权保护力度不同而存在差异，较之更强产权保护力度区域，产权保护力度较弱地区推动售电侧市场化改革对其绿色全要素生产率将产生显著的抑制作用。

表 4.7　产权保护力度异质性

	(1)	(2)
	GTFP	
	产权保护力度强	产权保护力度弱
DID	−0.0853	−0.1232**
	(0.1450)	(0.0463)
Controls	是	是

	(1)	(2)
	GTFP	
	产权保护力度强	产权保护力度弱
常数项	−15.8615	−2.3034
	(10.4220)	(2.9385)
省份固定效应	是	是
时间固定效应	Yes	是
DID 系数差异检验	Chi²=5.74**	
N	65	287
R^2	0.9858	0.9798

注：***，** 和 * 表示在 1%，5% 和 10% 水平下显著；括号内为省份层面聚类稳健标准误；控制变量与基准回归一致。

第 5 节　本章小结

本章聚焦于售电侧电力市场改革的绿色经济效应。在使用 SBM 模型–GML 指数测算区域绿色全要素生产率基础之上，手动整理各省售电侧市场化改革政策时间，构建渐进型 DID 模型就售电侧电力市场改革对区域绿色经济发展的影响效果进行估计。

首先，本书对运用 DID 模型所需满足的平行趋势假设进行验证，并分析了售电侧电力市场改革对区域绿色经济发展的动态效果。结果显示，中国售电侧市场化改革对各省绿色全要素生产率的抑制效果在一段时间内具有持续性。

其次，为增强基准回归结果的可信度，本书将进一步使用更换因变量、更换聚类稳健标准误、调整样本期间以及安慰剂检验的方式，就售电侧市场化改革绿色经济效应的基准回归结果进行稳健性检验。上述估计结果均未与本书基准回归结果出现显著差异，从而验证了基准回归结果的稳健性。

最后，为检验中国售电侧市场化改革对区域绿色经济发展的影响效果是否具有异质性，分别基于检验地方电力立法水平、金融发展水平以及产权保护力度视角进行分组回归。结果表明，在地方电力立法水平较高地区、金融发展水平较强地区以及产权保护力度较好地区推动售电侧市场化改革，将显著提高其绿色全要素生产率。

第5章

墙内开花墙外香：
售电侧改革空间溢出效应

随着中国省间现货交易市场试点工作初显成效，众多资源实现了在更大空间尺度上的优化配置。本章聚焦于售电侧市场化改革绿色经济效应的空间溢出效果，在构建空间权重矩阵度量各省份间空间关联性的基础上，运用空间计量分析范式，检验未考虑空间溢出效应时 SUTVA 假设不满足对估计结果的潜在干扰，考察中国售电侧市场化改革对空间关联区域的绿色经济发展的影响效果，并检验了售电侧市场化改革绿色经济效应在不同政府财政实力、不同信息基建水平、不同市场化发展水平下该效应的潜在异质性表现。

第1节 研究设计

一、空间计量模型构建

基于本书理论框架，售电侧市场化改革的绿色经济效应具有潜在空间溢出性，违背 DID 估计方法所须满足的 SUTVA 假设，即样本中任一个体并不受其他个体是否接受处理的影响，这将直接干扰 DID 估计的因果识别效率。因此，考虑到售电侧市场化改革与绿色经济发展均具有一定空间溢出效果，参考已有研究做法，结合空间计量与双重差分模型，构建如下 Spatial–DID 模型，考察中国售电侧市场化改革绿色经济效应的空间溢出效果，并检验未考虑空间溢出效应时 SUTVA 假设不满足对估计结果的潜在干扰。

$$GTFP_{i,t} = \alpha_0 + \rho\Sigma_j W_{i,j} GTFP_{i,t} + \beta DID_{j,t} + \theta\Sigma_j W_{i,j} DID_{i,t} +$$
$$Y X_{j,t} + \psi\Sigma_j W_{i,j} X_{i,t} + \gamma_j + \lambda_t + \epsilon_{j,t} \tag{5.1}$$

$$\epsilon_{j,t} = \sigma\Sigma_j W_{i,j}\epsilon_{j,t} + \mu_{it} \tag{5.2}$$

$$\mu N(0, \sigma_\mu^2 I_n) \tag{5.3}$$

其中，i 与 j 均代表省份，t 表示年份。$GTFP$ 用于测度各省绿色经济发展水平，以绿色全要素生产率为代理变量。DID用于捕捉售电侧市场化改革的实施效应。$W_{i,j}$是空间权重矩阵W的一个元素，用于描述i省份与j省份之间的空间邻近性。X代表一系列控制变量，具体指标及测度方式详见前文。ρ与σ分别考察了各省份绿色经济发展与残差项的空间溢出效应。模型其余设定与前述一致。由于模型（5.1）引入了因变量的空间滞后项、自变量空间滞后项与空间误差项，解释变量的严格外生性与独立同分布假设不再成立，大多情况下基于最小二乘法（OLS）的估计结果是有偏或无效的。因此，使用最大似然法（MLE）进行估计，控制因变量空间滞后项引发的潜在内生性偏误，同时使用准极大似然估计法（Quasi-maximum Likelihood Esitimators，QMLE）对包含固定效应的空间计量参数估计值进行纠偏。

为验证SDM模型是本书最优选，参考现有研究（Anselin等，1996；Elhorst，2014；韩峰和李玉双，2019；邵帅等，2022），将进行沃尔德统计量检验（Wald Statistics）与似然比（LR）检验，比较不同模型的效能并确保SDM模型不能被简化为SAR或SEM模型。若Wald检验与LR检验的原假设均被拒绝，则证实SDM模型是本书的最佳选择。

二、权重矩阵设定

为捕捉售电侧市场化改革及绿色经济发展的潜在空间溢出效应，参考空间计量经济学研究范式引入不同空间权重矩阵。首先，借鉴已有研究做法，构建地理权重矩阵（W_g）与经济权重矩阵（W_e）用于刻画各省间的地理邻近性与经济邻近性。考虑到空间计量估计结果对空间计量权重矩阵设定具有较高敏感性，且使用单一权重矩阵测度省份间空间关联性可能存在偏差，构建了综合考虑地理距离与经济距离影响的地理-经济权重矩阵（W_{ge}）以及逆经济加权的地理权重矩阵（W_{gew}）。其中，W_g为使用各省笛卡尔坐标系投影经纬度数据构建的逆地理距离权重矩阵，W_e为依据各省样本期间GDP均值测算的逆经济距离权重矩阵。W_{ge}为由逆地理权重矩阵与逆经济权重矩阵构建的嵌套权重矩阵。W_{gew}是使用各省人均GDP调整的逆经济加权空间权重矩阵。为了简化空间计量模型并使得结果易于解释，提升估计效率，对上述矩阵均进行了标准化处理。

$$W_g^{i,j} = \begin{cases} \dfrac{1}{D_{ij}}, i \neq j \\ 0, i = j \end{cases} \tag{5.4}$$

$$W_e^{i,j} = \begin{cases} \dfrac{1}{|meanPGDP_i - meanPGDP_j|}, i \neq j \\ 0, i = j \end{cases} \tag{5.5}$$

$$W_{ge}^{i,j} = (W_g \times W_e)_{i,j} \tag{5.6}$$

$$W_{gew}^{i,j} = \left(\dfrac{1}{|meanPGDP_i - meanPGDP_j + 1|} \right) * exp(-D_{ij}) \tag{5.7}$$

第 2 节 空间溢出效果

一、模型设定有效性检验及空间计量参数估计结果

使用模型（5.1）进行参数估计，并检验 SDM 模型适用性的结果列示于表 5.1。不难发现，所有结果均能够拒绝 SDM 模型将退化为 SAR 及 SEM 模型的假设，证实本书空间计量模型设定有效。表 1 估计结果还显示，当控制省份及时间固定效应，聚类于省级层面时，使用 3 类（4 种）空间权重矩阵进行估计的结果均表明，同时考虑售电侧市场化改革及绿色经济发展的潜在空间溢出效应后，售电侧市场化改革（*DID*）对区域绿色全要素生产率（*GTFP*）的负向影响仍至少在 5% 水平下显著。以上结果证实，未考虑空间溢出效应时，使用 DID 估计方法所捕捉的售电侧市场化改革绿色经济效应结果可信。

表 5.1 基准回归结果

权重设定	(1) W_g	(2) W_e	(3) W_{ge}	(4) W_{gew}
	GTFP			
DID	−0.1988***	−0.1527***	−0.1274**	−0.1700***
	(0.0355)	(0.0450)	(0.0629)	(0.0488)
WDID	0.3331***	0.2995***	0.2367***	0.2762***
	(0.0771)	(0.0573)	(0.0734)	(0.0637)

续表

权重设定	(1) W_g	(2) W_e	(3) W_{ge}	(4) W_{gew}
	GTFP			
ρ	0.3563*	0.3188***	0.4034***	0.4178***
	(0.2164)	(0.0914)	(0.1212)	(0.1188)
σ	0.0318***	0.0301***	0.0230***	0.0230***
	(0.0080)	(0.0072)	(0.0051)	(0.0050)
lnpgdp	1.3892***	1.2507***	0.7532**	0.6796*
	(0.4732)	(0.4324)	(0.3606)	(0.3782)
Indus2	−0.0059	−0.0007	0.0046	0.0060
	(0.0163)	(0.0139)	(0.0127)	(0.0129)
Indus3	0.0048	0.0112	0.0152	0.0147
	(0.0166)	(0.0176)	(0.0146)	(0.0153)
lnfdi	0.0617	0.0696	−0.0019	−0.0046
	(0.0673)	(0.0550)	(0.0477)	(0.0461)
lnexport	−0.0187	−0.0199	−0.0111	0.0067
	(0.0335)	(0.0290)	(0.0261)	(0.0240)
lndebt	−0.3841	−0.2459	0.2079	0.2468
	(0.4541)	(0.3854)	(0.2605)	(0.2758)
lnelec	−0.4402***	−0.4490***	−0.4070***	−0.3445**
	(0.1212)	(0.1137)	(0.1407)	(0.1402)
lnenvir	−0.1091*	−0.0913	−0.0872*	−0.0844*
	(0.0559)	(0.0702)	(0.0453)	(0.0457)

续表

权重设定		(1) W_g	(2) W_e	(3) W_{ge}	(4) W_{gew}
		GTFP			
Wlnpgdp		−0.9261	−0.0113	0.5417	0.5973
		(0.9524)	(0.5135)	(0.3860)	(0.3991)
*WIndus*2		−0.0100	−0.0189	−0.0076	−0.0142
		(0.0461)	(0.0290)	(0.0123)	(0.0133)
*WIndus*3		0.0014	−0.0229	0.0070	−0.0053
		(0.0604)	(0.0297)	(0.0134)	(0.0143)
Wlnfdi		0.0128	−0.0122	0.1256**	0.1553**
		(0.4086)	(0.1056)	(0.0608)	(0.0668)
Wlnexport		0.0668	−0.0818	−0.0149	−0.0239
		(0.3535)	(0.0863)	(0.0402)	(0.0356)
Wlndebt		0.0459	−0.1335	−1.1359***	−1.0101***
		(0.5265)	(0.4690)	(0.2732)	(0.2863)
Wlnelec		0.3733	0.3531	0.3938*	0.1137
		(0.8001)	(0.3367)	(0.2298)	(0.2846)
Wlnenvir		0.1262	−0.2559**	−0.0255	−0.0690
		(0.5809)	(0.1113)	(0.0955)	(0.0955)
Wald 检验	SAR	32.70***	41.04***	29.79***	45.20***
	SEM	15.54*	34.90***	27.45***	32.40***
LR 检验	SAR	18.92**	31.09***	59.29***	53.83***
	SEM	19.98**	39.58***	73.78***	72.08***

续表

权重设定	(1) W_g	(2) W_e	(3) W_{ge}	(4) W_{gew}
	GTFP			
省份固定效应	是	是	是	是
时间固定效应	是	是	是	是
N	330	330	330	330
R^2	0.2434	0.2211	0.2245	0.2063

注：***，** 和 * 表示在1%，5% 和 10% 水平下显著；括号内为省级层面聚类稳健标准误。

　　进一步的，对因变量的空间溢出项进行解读。用于捕捉各省绿色经济发展空间溢出表现的 ρ 值估计结果为正，且均至少在 10% 水平下表现显著，这表明本省绿色全要素生产率水平提升能够对空间关联区域的绿色经济发展产生正向溢出效果。本书将各省绿色全要素生产率的正向空间溢出效应归因为："政绩竞争效应""示范–模仿效应""生产关联效应"及"社会监督效应"四个维度。首先，财政分权下，环境治理是当代中国地方政府间政绩博弈的重要赛道，各省就绿色经济发展存在策略性互动关系。本地区绿色经济发展进程的良好推进构成对空间关联区域内政府的激励，促使地方政府间就绿色经济发展形成竞相向上关系。其次，本区域绿色全要素生产率的提升路径能够对空间关联区域内政府决策制定、企业经营提供实践经验，以人才流通与知识、技术溢出助力"后进"区域的绿色经济发展。再次，本区域的绿色经济发展能够通过市场机制对空间关联省份产生正向影响，基于产业协同与要素流通机制促进生产关联区域挖掘新经济增长动能，提升绿色全要素生产率表现。最后，本省份绿色经济发展还或许能够激发空间关联城市内社会公众的环保需求，弱化各省政府间的策略型环境规制行为，推动该区域绿色经济发展。

综上，本省绿色全要素生产率水平提升能够对空间关联区域的绿色经济发展产生正向溢出效果，在"政绩竞争效应""示范-模仿效应""生产关联效应"及"社会监督效应"的综合影响下，促进区域绿色经济协同发展。

二、空间溢出效应的分解结果

需要特别关注的是，使用 SDM 模型进行回归所得的参数估计值实际上并不能衡量其边际效应。因此，参考已有研究做法，使用偏微分方法对 SDM 模型的参数估计结果进行分解。具体而言，以本地效应（Direct）表征各省份售电侧市场化改革对其绿色创新发展的效果，以及该影响传导及其空间关联区域后，反作用于本省份的反馈效应。以空间效应（Indirect）表征本地区售电侧市场化改革对其他空间关联省份绿色创新发展的影响效果，以及其对本地绿色全要素生产率产生显著影响后，对空间关联省份绿色创新发展的作用。空间杜宾模型参数估计值的偏微分分解结果如表 5.2 所示。

表 5.2 空间溢出效应的分解结果

权重设定		(1) W_g	(2) W_e	(3) W_{ge}	(4) W_{gew}
		GTFP			
本地效应	DID	−0.1922***	−0.1372***	−0.0905	−0.1319***
		(0.0356)	(0.0462)	(0.0599)	(0.0488)
	lnpgdp	1.3685***	1.2606***	0.9237***	0.8398**
		(0.4708)	(0.4146)	(0.3221)	(0.3418)
	Indus2	−0.0046	−0.0005	0.0052	0.0054
		(0.0157)	(0.0141)	(0.0132)	(0.0135)
	Indus3	0.0060	0.0113	0.0195	0.0164
		(0.0166)	(0.0183)	(0.0155)	(0.0162)
	lnfdi	0.0628	0.0692	0.0213	0.0224
		(0.0714)	(0.0535)	(0.0503)	(0.0478)
	lnexport	−0.0241	−0.0244	−0.0164	0.0023
		(0.0473)	(0.0309)	(0.0312)	(0.0275)
	lndebt	−0.3926	−0.2736	−0.0089	0.0733
		(0.4230)	(0.3450)	(0.2538)	(0.2534)
	lnelec	−0.4274***	−0.4370***	−0.3706**	−0.3542***
		(0.1136)	(0.1179)	(0.1444)	(0.1370)
	lnenvir	−0.1071**	−0.1039	−0.0997**	−0.1032**
		(0.0536)	(0.0673)	(0.0472)	(0.0470)

续表

权重设定		(1) W_g	(2) W_e	(3) W_{ge}	(4) W_{gew}
		GTFP			
空间效应	DID	0.3893***	0.3557***	0.2727***	0.3131***
		(0.1114)	(0.0707)	(0.0864)	(0.0850)
	lnpgdp	−0.2669	0.5643	1.3505*	1.4413**
		(2.1488)	(0.7440)	(0.7270)	(0.7114)
	Indus2	−0.0249	−0.0280	−0.0070	−0.0171
		(0.0843)	(0.0460)	(0.0202)	(0.0232)
	Indus3	−0.0091	−0.0289	0.0216	0.0022
		(0.1241)	(0.0475)	(0.0228)	(0.0243)
	lnfdi	0.0870	0.0223	0.1897*	0.2403**
		(0.7472)	(0.1441)	(0.1045)	(0.1191)
	lnexport	−0.0942	−0.1302	−0.0372	−0.0363
		(0.9411)	(0.1377)	(0.0693)	(0.0609)
	lndebt	−0.2810	−0.2693	−1.6018***	−1.4230***
		(0.8968)	(0.4858)	(0.4234)	(0.3933)
	lnelec	0.6196	0.2918	0.3219	−0.0845
		(1.6550)	(0.5067)	(0.3712)	(0.4488)
	lnenvir	−0.0222	−0.4184**	−0.1135	−0.1816
		(1.1053)	(0.1824)	(0.1537)	(0.1567)

注：***，** 和 * 表示在 1%，5% 和 10% 水平下显著；括号内为省级层面聚类稳健标准误。

本地效应结果显示，售电侧市场化改革（*DID*）对省份绿色全要素生产率（*GTFP*）能够产生显著负向影响效果。尽管第（3）列中估计结果表明，*DID* 项的参数估计结果并未通过 1% 水平的显著性检验（*T* 值 =1.51），但在更大置信区间内能够接受售电侧市场化改革对本区域绿色经济发展具有抑制作用。本书推测该结果出现的原因是：售电侧改革初期，大量售电企业以低价竞争策略试图抢占市场份额，致使政策试点省份内售电市场出现无序竞争局势，同时影响了发电侧企业的供电积极性与用电侧企业的绿色经营意愿。"投资潮涌"背景下，部分发电企业还试图建立卡特尔联盟，进一步阻碍了电力交易市场的市场化进程。上述过程中，发电、输配电、售电、购电主体等均在售电侧市场中表现出不良竞争行为，价格机制失灵下区域间资源错配造成了低效的过度投资和重复投资，削弱了售电侧电力市场改革的预期政策效果，难以实现售电侧市场化改革的绿色经济效应。与此同时，本地效应结果证实，未考虑潜在空间溢出效应时，使用 DID 方法进行估计的结果具有可信度。

空间效应结果显示，售电侧市场化改革（*DID*）对空间关联省份绿色全要素生产率（*GTFP*）的正向影响效果均在 1% 水平下显著。本书将售电侧市场化改革的正向溢出效果归因于如下 3 个方面：

其一，要素空间流通机制。售电侧市场化改革一段时间内，可能引发售电企业的无序竞争，在其依据低价竞争战略抢占市场份额的过程中，区域内部资源要素错配局势加深。然而，本省内的优质金融资源、技术资源能够流向具有绿色经济发展潜能的空间关联区域，这能够在一定程度上缓解低效能源分配机制对经济欠发达区域绿色经济发展的不利影响，推动能源效率更低、节能潜力更高区域实现逐步发展绿色经济。

其二，产业结构固化机制。售电侧市场化改革后，试点省份内售电企业间的无序竞争实际上降低了众多企业的用电成本，引发"能源诅咒"效应，削弱了高耗能、高排放企业提升清洁生产能力的意愿。与此同时，用电价格的降低提升了污染型企业区位转移的机会成本，抑制了污染型企业退出、清洁型企业进入的产业结构调整进程，引发省份内产业结构固化表现。此时，以绿色技术、绿色工艺商业化为主营业务的企业反而更愿意转移到空间关联省份，延续差异化竞争战略，将自身绿色技术创新的比较竞争优势转化为商业价值。

其三，政策纠正机制。售电侧市场化改革实践过程中，试点省份的先验经验有助于"后进"区域地方政府优化政策执行配套政策，对现阶段政策执行不当之处进行纠正，建立电价疏导机制并提升售电市场监管效率，缓解电力企业的长期市场竞争压力。

综上所述，售电侧市场化改革政策的实施，能够通过要素空间流通机制、产业结构固化机制与政策纠正机制，对空间关联省份的绿色全要素生产率表现产生显著正向溢出影响。此外，邻近城市绿色经济发展水平的提升对本省份具有正向溢出，通过"示范-模仿效应""生产关联效应"及"社会监督效应"等，促进本省绿色全要素生产率水平提升。

第3节　稳健性检验

为检验其他潜在研究设计缺陷是否将显著影响前文估计结果，提升售电侧市场化改革对各省绿色经济发展的空间溢出效应估计结果的可信度，本书将进一步使用更换空间权重矩阵设定、更换因变量、调整样本区间及更换聚类稳健标准误等方式，进行稳健性检验。

一、更换空间权重矩阵设定

在前文中，我们构造并使用了基于地理距离及经济距离的空间权重矩阵，同时应用了经济–地理嵌套权重矩阵及经济加权空间权重矩阵。在此处，参考已有研究做法，使用能够直观反映各省份地理邻近性的二元地理邻近权重矩阵（W_{Queen}）替换基准回归使用的逆地理权重矩阵，使用基于样本期间内各省份 GDP 均值测算的逆经济权重矩阵（W_{e_GDP}）作为原有经济权重矩阵的更替。

$$W_{Queen}^{i,j} = \begin{cases} 1, & \text{若城市}i\text{与城市}j\text{地理相邻} \\ 0, & \text{若城市}i\text{与城市}j\text{地理不相邻} \end{cases}, \quad i \neq j \qquad （5.8）$$

$$W_{e\_GDP}^{i,j} = \begin{cases} \dfrac{1}{|meanGDP_i - meanGDP_j|}, & i \neq j \\ 0, & i = j \end{cases} \qquad （5.9）$$

与此同时，参考已有研究做法，构建了基于各省份经济规模

（ W_{ew}，对角矩阵）测算的经济–地理嵌套权重矩阵（ W_{Queen_ew} ）及（ W_{g_ew} ）。权重矩阵构建方式如下所示，其中，n 为城市数，$\bar{Y}_i$ 代表从 t_0 到 t_1 时间段地区 i 的 GDP 的均值，$\bar{Y}$ 代表从 t_0 到 t_1 时间段全国的 GDP 均值：

$$W_{ew} = diag(\frac{\bar{Y}_1}{\bar{Y}}, \frac{\bar{Y}_2}{\bar{Y}}, \frac{\bar{Y}_3}{\bar{Y}}, ..., \frac{\bar{Y}_n}{\bar{Y}}) \tag{5.10}$$

$$\bar{Y}_i = \sum_{t_0}^{t_1} Y_{it} / (t_1 - t_0 + 1) \tag{5.11}$$

$$\bar{Y} = \sum_{i=0}^{n} \sum_{t_0}^{t_1} Y_{it} / n(t_1 - t_0 + 1) \tag{5.12}$$

$$W_{Queen\_ew} = W_{Queen} \times W_{ew} \tag{5.13}$$

$$W_{g\_ew} = W_g \times W_{ew} \tag{5.14}$$

构建以上空间权重矩阵并进行估计的结果见表 5.3 所示。可以发现，更换空间权重矩阵设定后，各省绿色经济发展水平依旧具有显著正向溢出效应，本地效应结果显示，DID 对本省 $GTFP$ 的负向影响效果具有 1% 水平的显著性，空间效应结果表明，DID 对空间关联区域 $GTFP$ 的正向影响均保持在 1% 水平下显著。更换空间权重矩阵设定进行估计的结果再次证实，售电侧市场化改革能够显著正向影响邻近省份的绿色全要素生产率。上述结果表明，更换空间权重矩阵设定进行估计，回归结果与前文并未出现显著差异，在一定程度上增强了本书结果的可信度。

表5.3　更换空间权重矩阵设定

权重设定		(1) W_{Queen}	(2) W_e	(3) W_{Queen_ew}	(4) W_{g_ew}
		GTFP			
本地效应	*DID*	−0.1346**	−0.1237**	−0.1922***	−0.1346**
		(0.0635)	(0.0575)	(0.0356)	(0.0635)
空间效应		0.2456**	0.3405***	0.3893***	0.2456**
		(0.1131)	(0.0960)	(0.1114)	(0.1131)
ρ		0.4256***	0.2299*	0.3563*	0.4256***
		(0.1488)	(0.1378)	(0.2164)	(0.1488)
σ		0.0260***	0.0307***	0.0318***	0.0260***
		(0.0052)	(0.0089)	(0.0080)	(0.0052)
省份固定效应		是	是	是	是
时间固定效应		是	是	是	是
N		330	330	330	330
R^2		0.0648	0.2960	0.2434	0.0648

注：***，** 和 * 表示在1%，5% 和10% 水平下显著；括号内为省级层面聚类稳健标准误；控制变量与基准回归一致。

二、更换因变量

在基准回归中，本书使用 SBM 模型-GML 指数测算了省级层面绿色全要素生产率指标（*GTFP*）。考虑到 SBM 模型无法进一步区分有效决策单元（DUM）效率大小，参考已有研究做法，我们结合 SBM 模型及超效率 DEA 模型，建立 SBM 超效率模型（Super-SBM）再次测算并将所测度的新效率指数（$superGTFP$），作为对原有省级层面绿色全要素生产率的更替，开展稳健性检验。表 5.4 中结果显示，ρ 值估计结果依旧表现为正向显著，除个别系数外，DID 对本区域 $superGTFP$ 的负向影响效果均在 1% 水平下显著，DID 对空间关联区域 $superGTFP$ 的正向影响均能够通过 1% 水平的显著性检验，证实，售电侧市场化改革将提升邻近省份的绿色全要素生产率水平。以上结果表明，将由 Super-SBM 模型测算的区域绿色全要素生产率作为对原有因变量的更替开展稳健性检验，估计结果与基准回归并未显现显著差异，提升了售电侧市场化改革绿色经济效应空间溢出效应估计结果的可信度。

表 5.4　更换因变量

权重设定		(1) W_g	(2) W_e	(3) W_{ge}	(4) W_{gew}
		\multicolumn{4}{c}{SuperGTFP}
本地效应	DID	−0.1919***	−0.1356***	−0.0888	−0.1309***
		(0.0356)	(0.0469)	(0.0601)	(0.0491)
空间效应		0.3867***	0.3567***	0.2715***	0.3128***
		(0.1127)	(0.0710)	(0.0869)	(0.0857)
ρ		0.3653*	0.3164***	0.4078***	0.4232***
		(0.2137)	(0.0922)	(0.1213)	(0.1190)
σ		0.0325***	0.0307***	0.0233***	0.0233***
		(0.0084)	(0.0076)	(0.0053)	(0.0051)

续表

权重设定	(1) W_g	(2) W_e	(3) W_{ge}	(4) W_{gew}
	SuperGTFP			
省份固定效应	是	是	是	是
时间固定效应	是	是	是	是
N	330	330	330	330
R^2	0.2416	0.2196	0.2226	0.2048

注：***，** 和 * 表示在 1%，5% 和 10% 水平下显著；括号内为省级层面聚类稳健标准误；控制变量与基准回归一致。

三、调整样本区间

为排除 2020 年新冠疫情前后各省份经济发展环境系统性差异对估计结果的影响，提升售电侧市场化改革绿色经济效应空间溢出效果参数估计结果的可信度，本书将样本期间调整为 2009—2019 年，进行稳健性检验。表 5.5 结果显示，除个别系数外，调整样本区间进行估计的结果与基准回归并不具有显著差异，各省绿色经济发展水平依旧具有显著正向溢出效应，偏微分结果证实，*DID* 能够对 *GTFP* 产生显著负向影响，且其对空间关联省份 *GTFP* 的正向影响均保持在 1% 水平下显著。以上结果表明，更换样本期间进行估计，空间溢出效应的回归结果并不会与前文出现较大差异，未排除新冠疫情影响的基准回归结果具有可信度。

表5.5 调整样本区间

权重设定		(1) W_g	(2) W_e	(3) W_{ge}	(4) W_{gew}
		GTFP			
本地效应	*DID*	−0.1771***	−0.1379**	−0.0831	−0.1226*
		(0.0596)	(0.0652)	(0.0787)	(0.0659)
空间效应		0.3830***	0.3129***	0.2399***	0.2820***
		(0.0875)	(0.0548)	(0.0764)	(0.0639)
ρ		0.2719	0.2509**	0.3983***	0.4103***
		(0.2025)	(0.1061)	(0.1055)	(0.1124)
σ		0.0202***	0.0197***	0.0146***	0.0146***
		(0.0062)	(0.0057)	(0.0035)	(0.0035)
省份固定效应		是	是	是	是
时间固定效应		是	是	是	是
N		300	300	300	300
R^2		0.2392	0.2021	0.2440	0.2231

注：***，** 和 * 表示在1%，5% 和10% 水平下显著；括号内为省级层面聚类稳健标准误；控制变量与基准回归一致。

四、更换聚类稳健标准误

因更换更为稳健的标准误进行估计会降低统计推断的偏差，对基准回归结果的显著性产生直接影响，参考已有研究做法，选择采用省份–时间层面聚类稳健标准误作为省级聚类的更替，进一步检验基准回归结果的稳健性。表5.6结果显示，除个别系数，ρ值估计结果依旧表现为正向显著。与此同时，偏微分分解结果显示，平均本地效应与空间效应结果均证实，售电侧市场化改革将在一段时间抑制本区域绿色经济发展后，对该省份空间关联区域的绿色全要素生产率产生正向溢出影响。上述结果表明，更换聚类稳健标准误进行检验，并未使空间杜宾模型的估计结果与基准回归出现较大差异，增强了基准回归结果的可信度。

表5.6　更换聚类稳健标准误

权重设定		(1) W_g	(2) W_e	(3) W_{ge}	(4) W_{gew}
		GTFP			
本地效应	*DID*	−0.1903**	−0.1354	−0.0891	−0.1299
		(0.0956)	(0.0873)	(0.0870)	(0.0857)
空间效应		0.3780*	0.3542***	0.2710**	0.3105***
		(0.1947)	(0.1174)	(0.1174)	(0.1193)
ρ		0.3563**	0.3188***	0.4034***	0.4178***
		(0.1799)	(0.0735)	(0.0977)	(0.0937)
σ		0.0318***	0.0301***	0.0230***	0.0230***
		(0.0054)	(0.0052)	(0.0039)	(0.0040)
省份固定效应		是	是	是	是
时间固定效应		是	是	是	是
N		330	330	330	330
R^2		0.2434	0.2211	0.2245	0.2063

注：***，** 和 * 表示在1%，5%和10%水平下显著；括号内为省级层面聚类稳健标准误；控制变量与基准回归一致。

第 4 节　异质性分析

本节将深入挖掘中国售电侧市场化改革绿色经济效应空间溢出效果的内在机制，分析售电侧市场化改革对绿色经济发展空间溢出影响的异质性表现。为考察中国售电侧市场化改革绿色经济效应空间溢出效果的异质性表现，参考已有研究做法，本书将构建 Spatial-DDD 模型，分别检验政府财政实力、金融发展水平、信息基建水平以及产权保护力度能否差异化售电侧市场化改革绿色经济效应的空间溢出效果。其中，$HETERO_i$ 为异质性变量，包括：政府财政实力、金融发展水平、信息基建水平以及产权保护力度。本书重点关注交互项 $DID_{i,t} \times HETERO_i$ 的参数估计结果 β_2 及其空间溢出项的估计结果 θ_2，通过判断系数显著性，即可判断售电侧市场化改革的绿色经济效应中，是否存在该异质性表现。

$$GTFP_{i,t} = \alpha_0 + \rho \Sigma_j W_{i,j} GTFP_{i,t} + \beta_1 DID_{j,t} + \theta_1 \Sigma_j W_{i,j} DID_{i,t} +$$

$$\beta_2 DID_{j,t} \times HETERO_i + \theta_2 \Sigma_j W_{i,j} DID_{i,t} \times HETERO_i + YX_{j,t} +$$

$$\psi \Sigma_j W_{i,j} X_{i,t} + \gamma_j + \lambda_t + \epsilon_{j,t} \tag{5.15}$$

$$\epsilon_{j,t} = \sigma \Sigma_j W_{i,j} \epsilon_{j,t} + \mu_{it} \tag{5.16}$$

$$\mu N(0, \sigma_\mu^2 I_n) \tag{5.17}$$

一、政府财政实力异质性

更强的财政实力有助于地方政府招商引资，争夺售电侧市场化改革实施后，从试点省份溢出的各类要素资源，缓解低效能源分配机制对本省份绿色经济发展的不利影响，将本区域的绿色经济发展潜能转化为实际环境、经济绩效。与此同时，地方政府更强的财政实力与公共资本支出存在相关性，这意味着该地区政府更有能力借鉴试点省份的先验经验，对现阶段政策执行不当之处进行纠正，从而扭转售电侧市场化改革对绿色经济发展的某些不利表现。与此同时，更强的政府财政实力也意味着该地区企业的生产技术革新以及绿色转型发展很有可能获得政府更丰厚的补助，放大要素流通机制与政策纠正机制对本区域绿色经济发展的正向影响表现。因此，不同政府财政实力地区售电侧市场化改革绿色效应的空间溢出效果可能存在异质性表现。

基于上述分析，为检验中国售电侧市场化改革的绿色经济效应的空间溢出表现是否存在政府财政实力异质性，依据政府财政收入与财政支出之比来衡量该地区的政府财政实力水平，并依据 2014 年样本均值将各省划分为政府财政实力强组与弱组样本，设定政府财政实力虚拟变量（GOV），若高于均值则赋值为 1，低于均值则赋值为 0。表 5.7 估计结果显示，直接效应中，$DID \times GOV$ 对 $GTFP$ 的正向影响效果均在 1% 水平下显著，这表明政府财政实力能够显著正向调节售电侧市场化改革对本区域绿色全要素生产率的不利影响，再次证实未考虑空间溢出效应下 DID 估计结果的可信度。间接效应中，$DID \times GOV$ 同样对 $GTFP$ 具有显著正向影响，这表明更强的政府财政实力能够增强售电侧市场化改革绿色经济效应的正向空间溢出影响。

表 5.7　政府财政实力异质性

权重设定		(1) W_g	(2) W_e	(3) W_{ge}	(4) W_{gew}
		GTFP			
本地效应	DID	−0.3887***	−0.2604***	−0.2606**	−0.2935***
		(0.0943)	(0.0904)	(0.1029)	(0.0946)
	DID×GOV	0.4301***	0.2930***	0.3352***	0.3191***
		(0.1213)	(0.1028)	(0.1023)	(0.1062)
空间效应	DID	−0.1766	0.1405	0.1459	0.1686
		(0.7282)	(0.1404)	(0.1327)	(0.1352)
	DID×GOV	1.2565	0.6273**	0.4302**	0.4790**
		(1.4425)	(0.2494)	(0.1827)	(0.2046)
ρ		0.1403	−0.0335	0.2648**	0.2675**
		(0.2553)	(0.1089)	(0.1094)	(0.1116)
σ		0.0252***	0.0241***	0.0196***	0.0195***
		(0.0060)	(0.0051)	(0.0043)	(0.0043)
省份固定效应		是	是	是	是
时间固定效应		是	是	是	是
N		330	330	330	330
R^2		0.2519	0.2644	0.2438	0.2296

注：***，** 和 * 表示在 1%，5% 和 10% 水平下显著；括号内为省级层面聚类稳健标准误；控制变量与基准回归一致。

综上，政府财政实力异质性检验结果表明，售电侧市场化改革绿色经济效应的空间溢出效果因各省份地方政府的财政实力水平不同存在差异，财政实力强的政府能够缓解售电侧市场化改革对本省绿色经济发展的不利影响，同时增强本省对空间关联区域绿色全要素生产率的正向溢出效果。

二、信息基建水平异质性

区域信息基础设施建设发展下，企业通过数字化转型能够获得更多有关市场资源的信息，降低信息搜集成本，这或许能够放大售电侧市场化改革下要素空间流通机制的效果。具体而言，售电侧市场化改革后，本省份内部资源要素错配局势加深，但本区域企业能够借助数字化技术及时与空间关联区域内企业建立合作关系，将限制资源向相关企业销售，进而缓解低效能源分配机制对相关省份区域绿色经济发展的不利影响，增强售电侧市场化改革绿色经济效应的正向空间溢出影响。不仅如此，区域信息基础设施建设还有助于数字政府发展，提升政府对政策实施效果的公布能力，并增强空间关联省份对试点区域政策实施效果的信息汲取能力，增强政策纠正机制的影响效果，助力"后进"区域地方政府优化政策、执行配套政策，对现阶段政策执行不当之处进行纠正。因此，不同信息基建水平地区售电侧市场化改革绿色效应的空间溢出效果可能存在异质性表现。

基于此，为检验中国售电侧市场化改革对不同信息基建水平地区绿色经济发展的影响是否存在异质性表现，本书以各省份互联网接入端口数与年末人口的比值来测度区域数字化基础设施建设发展水平。因为，区域互联网用户规模是地方信息基础设施建设工作的重要成果。依据 2014 年样本均值将各省划分为信息基建水平强组与弱组样本，设定信息基建水平虚拟变量（$INFM$），若高于均值则赋值为 1，低于均值则赋值为 0。表 5.8 估计结果显示，本地效应中，$DID \times INFM$ 并未对 $GTFP$ 产生显著影响。空间效应中，除个别系数外，$DID \times INFM$ 对 $GTFP$ 的正向影响效果均在 1% 水平下显著，这表明区域数字化基础设施建设能够显著正向调节售电侧市场化改革绿色经济效应的正向空间溢出影响。

表 5.8　信息基建水平异质性

权重设定		(1) W_g	(2) W_e	(3) W_{ge}	(4) W_{gew}
		GTFP			
本地效应	*DID*	−0.2520***	−0.0702	−0.0495	−0.0846
		(0.0673)	(0.0568)	(0.0759)	(0.0704)
	$DID \times INFM$	0.2490*	0.0198	0.0189	0.0142
		(0.1444)	(0.0987)	(0.1145)	(0.1205)
空间效应	*DID*	−0.1333	−0.0023	0.0610	0.0700
		(0.4143)	(0.1086)	(0.0993)	(0.1124)
	$DID \times INFM$	1.4303	1.1314***	0.6116***	0.6254***
		(0.9987)	(0.3364)	(0.2073)	(0.2216)
ρ		−0.0076	−0.0214	0.3243***	0.3527***
		(0.2509)	(0.1321)	(0.1048)	(0.1072)
σ		0.0281***	0.0248***	0.0206***	0.0207***
		(0.0064)	(0.0046)	(0.0048)	(0.0048)
省份固定效应		是	是	是	是
时间固定效应		是	是	是	是
N		330	330	330	330
R^2		0.2695	0.2852	0.2713	0.2412

注：***，** 和 * 表示在 1%，5% 和 10% 水平下显著；括号内为省级层面聚类稳健标准误；控制变量与基准回归一致。

综上，信息基建水平异质性检验结果表明，售电侧市场化改革绿色经济效应的空间溢出效果，因各省份区域数字化基础设施建设水平不同存在差异，更强的信息基建水平能够增强本省对空间关联区域绿色全要素生产率的正向溢出效果。

三、市场化水平异质性

更强的市场化水平区域内，要素市场及产品市场发育度更高，这将有助于空间关联城市内企业获得优质溢出资源，增强要素空间流通机制对具有绿色经济发展潜能地区的影响，正向调节售电侧市场化改革对空间关联区域绿色全要素生产率的影响效果。与此同时，优质市场化水平区域内，政府对市场的监管效力更强，能够削弱售电侧市场化改革后，试点省份内售电企业间的无序竞争局势，进而保障绿色创新企业的经济收益，延续本区域绿色技术、知识溢出对空间关联区域绿色全要素生产率的影响效果。此外，更优的市场化水平意味着政府与企业具有更好的关系，"后进"区域地方政府优化政策执行配套政策，纠正现阶段政策执行不当之处的阻力较小。因此，售电侧市场化改革绿色效应的空间溢出效果可能存在市场化水平异质性。

基于此，为检验中国售电侧市场化改革对不同市场化发展水平地区绿色经济发展的影响是否存在异质性表现，引入市场化指数表征地区市场化发展水平。依据 2014 年样本均值将各省划分为市场化水平高组与低组样本，设定区域市场化发展虚拟变量

（ MAR ），若高于均值则赋值为 1，低于均值则赋值为 0。表 5.9
估计结果显示，本地效应中，除个别系数外 $DID \times MAR$ 对 $GTFP$
的正向影响效果在 1% 水平下显著，意味着更强的市场化发展水
平能够缓解其对本地区绿色经济发展的不利影响。空间效应中，
$DID \times MAR$ 对 $GTFP$ 的正向影响效果多在 1% 水平下显著，说明
更强的市场化发展水平能够增强售电侧市场化改革绿色经济效应
的正向空间溢出影响。

表 5.9 市场化水平异质性

权重设定		(1) W_g	(2) W_e	(3) W_{ge}	(4) W_{gew}
		$GTFP$			
本地效应	DID	−0.4482	−0.2626***	−0.3583***	−0.3533***
		(0.3873)	(0.0772)	(0.1237)	(0.0840)
	$DID \times MAR$	0.4120	0.2728***	0.3898***	0.3333***
		(0.6368)	(0.0838)	(0.1344)	(0.1038)
空间效应	DID	1.3468	−0.2912**	−0.0823	−0.1132
		(11.0482)	(0.1420)	(0.0963)	(0.0957)
	$DID \times MAR$	−1.8435	1.0104***	0.5627***	0.6300***
		(19.0640)	(0.3133)	(0.1823)	(0.1913)
ρ		0.3453	−0.0004	0.3355***	0.3082**
		(0.2402)	(0.1137)	(0.1184)	(0.1281)
σ		0.0253***	0.0246***	0.0195***	0.0199***
		(0.0060)	(0.0053)	(0.0043)	(0.0042)
省份固定效应		是	是	是	是
时间固定效应		是	是	是	是

续表

权重设定	(1) W_g	(2) W_e	(3) W_{ge}	(4) W_{gew}
	GTFP			
N	330	330	330	330
R^2	0.2297	0.2386	0.2055	0.1985

注：***，** 和 * 表示在 1%，5% 和 10% 水平下显著；括号内为省级层面聚类稳健标准误；控制变量与基准回归一致。

综上，市场化水平异质性检验结果表明，售电侧市场化改革绿色经济效应的空间溢出效果，因各省份市场化发展进程不同存在差异，更强的市场化发展水平能够缓解售电侧市场化改革对本省绿色经济发展的不利影响，同时增强本省对空间关联区域绿色全要素生产率的正向溢出效果。

第 5 节 本章小结

本章聚焦于售电侧市场化改革绿色经济效应的空间溢出效果，在构建空间权重矩阵度量各省份间空间关联性的基础上，运用空间计量分析范式，检验未考虑空间溢出效应时 SUTVA 假设不满足对估计结果的潜在干扰，考察中国售电侧市场化改革绿色经济效应的空间溢出效果。

首先，构建 SDM 模型，并使用地理权重矩阵、经济权重矩阵、地理-经济权重矩阵以及逆经济加权的地理权重矩阵进行估计，发现在"示范-模仿效应""生产关联效应"及"社会监督效应"的共同作用下，本省绿色全要素生产率水平提升能够对空间关联区域的绿色经济发展产生正向溢出效果。同时，SDM 模型适用性检验结果证实，能够拒绝 SDM 模型将退化为 SAR 及 SEM 模型的假设，表明本书空间计量模型设定有效。

其次，使用偏微分方法对 SDM 模型的参数估计结果进行分解，发现售电侧市场化改革政策的实施能够通过要素空间流通机制、产业结构固化机制与政策纠正机制，对空间关联省份的绿色全要素生产率表现产生显著正向溢出影响。此外，邻近城市绿色经济发展水平的提升对本省份具有正向溢出，通过"示范-模仿效应""生产关联效应"及"社会监督效应"等，促进本省绿色全要素生产率水平提升。

再次，本书通过更换空间权重矩阵设定、更换因变量、调整样本区间及更换聚类稳健标准误等方式，对中国售电侧市场化改革的空间绿色经济效应的基准回归结果进行检验，提升了本书结论的可信度。

最后，本书检验了售电侧市场化改革绿色经济效应的潜在异质性表现，证实更强的政府财政实力、更强的信息基建水平、更强的市场化发展水平能够增强本省对空间关联区域绿色全要素生产率的正向溢出效果。

第6章

结果验证：
售电侧改革绿色效应机制检验

本章节聚焦于售电侧市场化改革绿色经济效应的内在机制。本书第3章基于既有文献和基础理论分析了中国售电侧市场化改革绿色经济效应的作用机理，提出了相应的研究假设。本章基于理论探索及研究假设，在针对本地效应与空间效应分别构建机制检验模型的基础上，从技术进步效应、资源配置效应以及产业结构效应维度，检验售电侧市场化改革影响绿色经济发展的本地效应内在机制；从技术进步效应、资源流通效应以及清洁生产效应维度检验，售电侧市场化改革影响绿色经济发展的空间效应内在机制。本章考察售电侧市场化改革绿色经济效应的传导路径，是对本书第4章、第5章回归结果产生内在机制之必要论证。

第 1 节 研究设计

一、本地效应机制检验模型构建

在前文已证实售电侧市场化改革将抑制区域绿色经济发展的基础上，为检验售电侧市场化改革绿色经济效应的内在机制，本书将在回归于机制变量的基础上，通过分组回归方式对比分析售电侧市场化改革的绿色经济效果。具体而言，模型设定如下：

$$Mechanism_{i,t} = \alpha_0 + \alpha_1 DID_{i,t} + \sum \alpha_k Controls_{i,t} + \gamma_i + \lambda_t + \epsilon_{i,t}$$

（6.1）

$$GTFP_{i,t}^{group} = \beta_0 + \beta_1 DID_{i,t}^{group} + \sum \beta_k Controls_{i,t}^{group} + \gamma_i^{group} + \lambda_t^{group} + \epsilon_{i,t}^{group}$$

（6.2）

其中，i，t 分别代表省份和时间；$Mechanism_{i,t}$ 为机制变量，包括技术进步、资源配置、产业结构三个维度。$DID_{i,t}$ 为中国售电侧市场化改革政策变量，依据各省份政策实施时间设定。$Group$ 为分组，将依据政策前一年机制变量样本均值对其进行分组。$GTFP_{i,t}^{group}$ 用于衡量不同分组区域的绿色经济发展。$Control_{i,t}$ 为一系列省级层面控制变量。同时，考虑到各区域间不随时间变动的不可观测差异特征以及宏观经济发展趋势，均会在识别售电侧市场化改革影响绿色经济发展本地效应内在机制的过程中产生干扰，控制省份固定效应 γ_i 与时间固定效应 λ_i。$\epsilon_{i,t}$ 为随机扰动项。本书重点关注的系数对象为 α_1 与 β_1。若机制检验估计结果显示，α_1 结果显著，则意味着售电侧市场化改革将对区域技术进步、资源配置或产业结构产生实质性影响。进一步对比分析不同分组省份售电侧市场化对绿色经济发展的影响效果，则可判断售电侧市场化能否通过该机制作用于区域绿色经济发展。

二、空间效应机制检验模型构建

在前文中，本书已证实售电侧市场化改革的绿色经济效应具有正向空间溢出效果，即本区域售电侧市场化改革将推动邻近省份绿色经济发展。为进一步检验售电侧市场化改革绿色经济效应空间溢出效果的内在机制，参考空间计量经济学研究范式引入不同空间权重矩阵，包括用于刻画各省间的地理邻近性与经济邻近性的地理权重矩阵（W_g）与经济权重矩阵（W_e），能够综合考虑地理距离与经济距离影响的地理-经济权重矩阵（W_{ge}）以及逆经济加权的地理权重矩阵（W_{gew}）。有关各矩阵的设定方法已在空间计量分析章节详述。为了简化空间计量模型并使得结果易于解释，提升估计效率，同样对上述矩阵进行标准化处理。具体而言，将构建如下检验模型：

$$Mechanism_{i,t} = \alpha_0 + \rho\Sigma_j W_{i,j} GTFP_{i,t} + \beta DID_{j,t} + \theta\Sigma_j W_{i,j} DID_{i,t} +$$

$$\Upsilon X_{j,t} + \psi\Sigma_j W_{i,j} X_{i,t} + \gamma_j + \lambda_t + \epsilon_{j,t} \qquad (6.3)$$

$$\epsilon_{j,t} = \sigma\Sigma_j W_{i,j}\epsilon_{j,t} + \mu_{it} \qquad (6.4)$$

$$\mu\, N(0,\sigma_\mu^2 I_n) \qquad (6.5)$$

其中，i 与 j 均代表省份，t 表示年份。$Mechanism_{i,t}$ 为机制变量，包括技术进步、资源流通、清洁生产三个维度。$GTFP$ 用于测度各省绿色经济发展水平，以绿色全要素生产率为代理变量。DID 用于捕捉售电侧市场化改革的实施效应。$W_{i,j}$ 是空间权重矩阵 W 的一个元素，用于描述 i 省份与 j 省份之间的空间邻近性。X 代表一系列控制变量，具体指标及测度方式详见前文。ρ 与 σ 分别考察了各省份绿色经济发展与残差项的空间溢出效应。模型其余设定与前述一致。使用最大似然法（MLE）进行估计，控制因变量空间滞后项引发的潜在内生性偏误，同时使用准极大似然估计法（Quasi-maximum Likelihood Esitimatorn，QMLE）对包含固定效应的空间计量参数估计值进行纠偏。由于前文已验证 SDM 模型是本书最优选，因此不再重复验证。

由于使用 SDM 模型进行回归所得的参数估计值实际上并不能衡量其边际效应，因此，参考已有研究做法，使用偏微分方法对 SDM 模型的参数估计结果进行分解，分析售电侧市场化改革绿色经济效应空间溢出效果的内在机制。

三、变量选择

（一）本地效应机制变量选择

（1）技术进步效应。为验证技术进步是否为售电侧市场化改革绿色经济本地效应的内在机制，将从区域创新产出成果（ $lnPAT$ ）与技术市场活跃度（ $lnTECH$ ）两个维度度量各省技术进步表现。首先，因售电侧市场化改革不仅可能作用于电力行业的技术变革，也或将同时影响电力服务相关行业的创新发展，将以区域总体技术进步水平衡量售电侧市场化改革的技术进步效应。由于使用专利指标衡量创新具有公允性，而专利授权量指标比申请量指标更能够有效反映区域技术实质性发展，加之电力行业及相关行业的技术进步，更多从发明专利与实用新型专利产出处反映，故选用区域发明专利与实用新型专利授权数之和衡量其创新成果产出水平。具体而言，使用各省份发明专利与实用新型专利授权数之和（件）的对数值（ $lnPAT$ ）表征其创新产出水平。其次，售电侧市场化改革的技术进步效应还可能影响电力行业技术商品交换，使区域技术市场活跃度发生变动。因此，参考已有研究做法，使用各省份技术市场交易额（万元）的对数值（ $lnTECH$ ）测度区域技术市场交易活跃度。相关数据源自中国区域经济统计年鉴与中国统计年鉴。

（2）资源配置效应。为验证资源配置是否为售电侧市场化改革绿色经济本地效应的内在机制，将从区域电力能源配置效率（*LOSS*）表现予以测度。实际上，能源消费总量通过能源综合平衡统计核算，且采用过程核算法，为终端能源消费量，加上能源加工转换中的损失量及能源损失量。考虑到能源加工转换损失量借助电力能源投入与产出的数量平衡关系，能够在一定程度上能够显现区域电力能源的系统加工转换过程效率，而能源损失量则能够反映一定时期内，区域电力能源在输送、分配、储存过程中的损耗表现。本书将使用区域能源加工转换损失量与能源损失量之和测度其电力资源配置效率表现，并以损失量（百亿千瓦时）（*LOSS*）测度区域电力能源配置效率。相关数据源自中国能源统计年鉴。

（3）产业结构效应。为验证产业结构是否为售电侧市场化改革绿色经济本地效应的内在机制，选取产业结构高级化指标（*INDUS*）作为区域产业结构变动的代理变量。当前，部分学者对于产业结构高级化的定义主要分成两个层面，一是指产业结构从劳动密集型产业向资本密集型、技术密集型转变，由低产品附加值向高产品附加值行业转变。二是指高技术产业逐步替代传统的工业产业，可以用高技术产业产值占工业产值比重来衡量。事实上，售电侧市场化改革或将通过同时影响电力行业及电力服务相关行业引发产业结构效应，因此仅以高技术产业产值占工业产值比重衡量售电侧市场化改革的产业结构变动效应存在偏误。由于产业结构的调整变化是指生产要素在不同产业之间重新分配，从而导致的不同产业产值发生变化的情况。借鉴已有文献，本书将产业结构高级化定义为产业结构从较低水平向较高水平过渡的过程，使用第二产业生产总值占第三产业生产总值的比例来衡量产业结构的高级化程度（*INDUS*）。相关数据源自中国区域经济统计年鉴与中国统计年鉴。

（二）空间效应机制变量选择

（1）技术进步效应。为验证技术进步是否为售电侧市场化改革绿色经济空间效应的内在机制，同样将从区域创新产出成果（*lnPAT*）与技术市场活跃度（*lnTECH*）两个维度度量各省技术进步表现。具体而言，使用各省份发明专利与实用新型专利授权数之和（件）的对数值（*lnPAT*）表征其创新产出水平，并参考已有研究做法，使用各省份技术市场交易额（万元）的对数值（*lnTECH*）测度区域技术市场交易活跃度。相关数据源自中国区域经济统计年鉴与中国统计年鉴。

（2）资源流通效应。由于售电侧市场化改革拓展了区域间电力资源的流通渠道，同时能够带动非电力资源的空间流动，将从电力资源与非电力资源维度分别衡量各省份资源流通表现，验证资源流通是否为售电侧市场化改革绿色经济空间效应的内在机制。首先，区域间电力能源调动能够有效反映不同省份电力市场对电力能源的吸引力表现，并体现本区域电力能源流通状况。因此，将以本省（区、市）电力能源调入量（亿千瓦时）与发电量（亿千瓦时）之比（*ELEC*）测度各区域电力能源流通表现。其次，电力能源的流出或将带动其他相关金融、技术及人才资源流出，进而作用于区域电力行业建设发展。所以，将以各区域电力行业建设水平作为区域非电力能源流出的代理变量，具体而言使用各省份电力、蒸汽、热水生产和供应业投资（亿元）与区域固定资产投资总额的比值（CAP）测度区域非电力资源的空间流动。相关数据源自中国能源统计年鉴。

（3）清洁生产效应。售电侧市场化改革还将通过引发政策学习机制，作用于政府对区域能源生产消费布局的顶层设计。通过模仿学习试点区域所执行政策，并借鉴先验教训，各地政府有激励通过政策补助或环境规制，倒逼区域产业转型发展，并引导、助力发电企业转型升级，拓展清洁能源生产路径。因此，将检验政策学习背景下，清洁生产是否为售电侧市场化改革绿色经济空间效应的内在机制。由于相较火力发电而言，水力、风力及太阳能发电等清洁能源生产技术能够有效降低电力生产所引发的环境污染，并节约煤炭资源，使用各区域火力发电量（亿千瓦时）占总发电量（亿千瓦时）之比（$CLEAN$）测度区域非清洁生产水平。（相关数据源自中国能源统计年鉴）

（三）控制变量选择

为缓解机制检验过程中，遗漏变量所引发内生性问题对估计结果的干扰，参考相关研究，本书对省份层面能够同时影响售电侧电力市场改革及区域绿色经济发展的相关因素在模型中加以控制。经济维度变量主要包括：区域经济发展水平（$lnpgdp$）、产业结构（$Indus2$、$Indus3$）、外商资本参与（$lnfdi$）、进出口经济规模（$lnexport$）与金融市场规模（$lndebt$）。能源与环境

维度因素主要为：区域电力能源使用（*lnelec*）与环境治理水平
（*lnenvir*）。其中，区域经济发展水平为人均国内生产总值（元）
的对数值（*lnpgdp*）；产业结构使用省份第二产业与第三产业产
值占 GDP 比重（*Indus*2、*Indus*3，%）衡量；外商资本参与使
用省份外商直接投资（万元）的对数值（*lnfdi*）测度；进出口
经济规模则使用区域按经营所在地分货物进出口金额（万元）的
对数值（*lnexport*）衡量；金融市场规模指标以各省份银行业金
融机构各项存贷款余额（亿元）的对数值（*lndebt*）测度。电力
能源使用情况以各省份年度电力消费量（亿千瓦时）的对数值
（*lnelec*）表征，而环境治理水平以省级环境污染治理投资总额
（亿元）的对数值（*lnenvir*）衡量。

四、数据来源

本书机制变量数据来源于《中国区域经济统计年鉴》《中国
统计年鉴》《中国能源统计年鉴》等。其他变量与前述一致。变
量描述性统计如表 6.1 所示。

第 2 节　本地效应机制检验

一、对本地技术进步的不利影响

表 6.2 中列示了售电侧市场化改革影响绿色经济发展本地效

表 6.1 变量描述性统计

类型	变量	缩写	指标描述	N	均值	最小值	最大值	标准差
因变量	绿色全要素生产率	GFTP	比值	360	1.431	0.318	4.560	0.784
自变量	售电侧市场化改革	DID	政策变量	360	0.175	0.000	1.000	0.380
机制变量	区域创新产出成果	lnPAT	对数值	360	8.831	1.769	4.511	13.176
	区域技术市场活跃度	lnTECH	对数值	360	12.774	1.930	6.637	17.859
	电力能源损耗	lnLOSS	比值	360	0.851	0.646	0.000	2.988
	产业结构高级化	INDUS	比值	360	1.167	0.675	0.499	5.310
	电力能源调入量	ELEC	比值	360	-0.132	0.170	-0.474	0.390
	电力行业固定资产投资	CAP	比值	360	0.857	0.187	0.000	1.333
	非清洁生产水平	CLEAN	比值	360	0.741	0.240	0.081	0.998

续表

类型	变量	缩写	指标描述	N	均值	最小值	最大值	标准差
控制变量	区域经济发展水平	*lnpgdp*	对数值	360	9.409	6.475	11.404	0.944
	第二产业产值占比	*Indus2*	比值	360	46.640	19.014	61.500	8.190
	第三产业产值占比	*Indus3*	比值	360	42.551	28.600	80.556	9.159
	外商资本参与	*lnfdi*	对数值	360	6.123	2.996	9.777	1.406
	进出口经济规模	*lnexport*	对数值	360	13.529	6.027	17.896	2.419
	金融市场规模	*lndebt*	对数值	360	10.396	7.399	12.678	0.998
	电力能源使用	*lnelec*	对数值	360	7.091	4.582	8.693	0.734
	环境治理水平	*lnenvir*	对数值	360	5.004	1.808	7.256	0.961

表 6.2 技术进步效应基准回归结果

| | (1) lnPAT | (2) GTFP | (3) GTFP | (4) lnTECH | (5) GTFP | (6) GTFP |
	全样本	高组	低组	全样本	高组	低组
DID	-0.7345***	-0.1702	-0.1558**	-0.6233	0.1071	-0.1775***
	(0.1434)	(0.0943)	(0.0628)	(0.7497)	(0.2726)	(0.0568)
Controls	是	是	是	是	是	是
常数项	27.6995*	-22.1076**	3.1463	30.8193**	-1.1340	-0.0455
	(13.9680)	(7.4378)	(5.9936)	(14.5927)	(9.4457)	(4.1875)
省份固定效应	是	是	是	是	是	是
时间固定效应	是	是	是	是	是	是
N	360	84	276	359	72	288
R^2	0.6307	0.9571	0.9566	0.6456	0.9377	0.9675

注：***，**和*表示在1%，5%和10%水平下显著；括号内为省级层面聚类稳健标准误。

应的技术进步机制检验结果。可以发现，当同时加入省份固定效应与时间固定效应，并聚类于省份层面时，售电侧市场化改革（ *DID* ）将在 1% 的显著性水平下负向影响区域技术创新发展（ *lnPAT* ）（第 1 列），这意味着售电侧市场化改革可能不利于区域技术进步。进一步的，对比分析不同技术创新水平区域售电侧市场化改革的绿色经济效应，不难发现，售电侧市场化改革（ *DID* ）对高技术创新水平区域绿色经济发展（ *GTFP* ）的影响效果不具有统计学意义（第 2 列），但其对低技术创新水平区域绿色经济发展（ *GTFP* ）的负向影响具有 5% 水平的显著性（第 3 列）。上述结果在一定程度上证实，售电侧市场化改革将一定程度上不利于区域创新成果产出。表中结果还显示， *DID* 对区域技术市场成交额（ *lnTECH* ）的影响为负，但并不具有统计学意义（第 4 列）。对比不同技术市场活跃度区域售电侧市场化改革的绿色经济效应，结果显示， *DID* 对技术市场交易活跃区域绿色经济发展（ *GTFP* ）的影响效果不具有统计学意义（第 5 列），但其对低活跃区域绿色经济发展（ *GTFP* ）的负向影响在 1% 水平下显著性（第 6 列），从而证实售电侧市场化改革对区域技术市场交易不活跃区域的绿色经济发展没有推动作用。

出现上述结果的原因可能是，尽管售电侧市场化改革在市场准入条例中附加了有关清洁生产的条约，并鼓励分布式电源用户参与售电侧市场竞争。但电网企业仍可能凭借代理购售电资格挤占售电侧市场主体的利润空间，削弱部分企业进入电力市场参与竞争的意愿。同时，偏差考核风险的存在将迫使部分企业选择购电代理，以降低考核处罚风险。但这将阻碍电力用户引入数字技术监管实时用电，提升电能应用效率。此外，清洁发电建设成本高、风险大、收益高度不确定等问题，进一步阻碍了发电企业的转型发展。

二、对本地资源配置效率的削弱效应

表 6.3 中列示了售电侧市场化改革影响绿色经济发展本地效应的资源配置机制检验结果。估计结果表明，售电侧市场化改革（DID）对区域电力资源配置效率（$LOSS$）的负向影响具有 10% 水平的显著性（第 1 列），这在一定程度上证实售电侧市场化改革可能削弱区域电力资源配置效率。通过对比分析不同电力损耗区域售电侧市场化改革的绿色经济效应，可以发现，DID 对高电力损耗区域绿色经济发展（$GTFP$）的负向影响具有 5% 水平的显著性（第 2 列），但其对低电力损耗区域绿色经济发展（$GTFP$）的影响不具有统计学意义（第 3 列）。从而证实售电侧市场化改革可能会提升区域电力损耗。

表 6.3 资源配置效应基准回归结果

	(1) $LOSS$	(2) $GTFP$	(3) $GTFP$
	全样本	高组	低组
DID	0.1133*	−0.2343**	−0.0337
	(0.0575)	(0.0825)	(0.1311)
$Controls$	是	是	是
常数项	3.3215	−7.6920	−0.9267
	(4.0105)	(5.4705)	(6.5901)

续表

	(1) *LOSS*	(2) *GTFP*	(3) *GTFP*
	全样本	高组	低组
省份固定效应	是	是	是
时间固定效应	是	是	是
N	360	180	180
R^2	0.7894	0.9344	0.9586

注：***，** 和 * 表示在 1%，5% 和 10% 水平下显著；括号内为省级层面聚类稳健标准误。

出现上述结果的原因可能是，尽管改革放开由社会资本投资增量配电网，拥有配电网运营权主体的售电资格，有助于提升电力系统的建设效率，并保障分布式电源的资源优化配置，并提高电力现货市场的安全性与效率。由于增量配网业务具有电源接入难、投资风险高等问题，且微电网主体在售电侧市场中体量小、竞争优势暂不明显，放开售电资格对社会资本投资配电业务的激励效果有限。更为关键的是，售电侧市场竞争中，拥有区域配电网经营权的售电公司可能依托配电网实现对电厂和用户的自然垄断，损害了售电侧市场交易公平性，不利于区域电能的优化配置。

三、对本地产业结构的固化效应

表 6.4 中列示了售电侧市场化改革影响绿色经济发展本地效应的产业结构机制检验结果。可以发现，售电侧市场化改革（ *DID* ）对区域产业结构高级化（ *INDUS* ）的负向影响在 10%

水平下显著性（第1列），从而证实售电侧市场化改革可能会阻碍区域产业结构高级化进程。进一步的，依据政策前产业结构高级化水平分组，并分析不同产业结构区域售电侧市场化改革的绿色经济效应。估计结果显示，DID 对产业结构高级化水平较高区域绿色经济发展（$GTFP$）的影响效果并未通过显著性检验（第2列），但其对较低水平区域绿色经济发展（$GTFP$）的负向影响在1%水平下显著（第3列）。上述结果在一定程度上证实，售电侧市场化改革短时间内可能对区域产业结构高级化进程有不利影响。

表6.4 产业结构效应基准回归结果

	(1) $INDUS$	(2) $GTFP$	(3) $GTFP$
	全样本	高组	低组
DID	−0.1295*	−0.1708	−0.2160***
	(0.0703)	(0.1250)	(0.0751)
$Controls$	是	是	是
常数项	−3.0657	3.7236	−11.1664**
	(4.0537)	(7.2740)	(3.9263)
省份固定效应	是	是	是
时间固定效应	是	是	是
N	360	120	240
R^2	0.8208	0.9148	0.9748

注：***，** 和 * 表示在1%，5% 和 10% 水平下显著；括号内为省级层面聚类稳健标准误。

出现上述结果的原因可能是，尽管通过有序放开配电网业务经营的基础上，引导售电公司通过投资增量配网业务建设发展增值服务，并助力售电公司挖掘增值服务着力点，进而促使电力行业与其他新兴行业形成良性互动。但由于当前中国电力增值业务市场发育不足，改革初期售电公司仍可能沿袭原电网企业经营模式，依靠"低买高卖"赚取差价实现赢利，致使无序竞争。售电公司因经营亏损更难以拓展增值服务，变更差异化经营模式。同时，无序竞争局势也将挤占清洁发电企业的赢利空间，带动清洁电能用户、优质金融资本、清洁生产技术及专业人才流向外地市场，引发产业结构固化效应。

第 3 节　空间效应机制检验

一、对空间关联区域技术进步的推动效应

表 6.5 中列示了售电侧市场化改革影响绿色经济发展空间效应的技术进步机制检验结果。本地效应结果显示，当控制省份及时间固定效应，聚类于省级层面时，使用三类（四种）空间权重矩阵进行估计的结果均表明，售电侧市场化改革（DID）对各省技术创新发展（$lnPAT$）能够在至少 10% 的显著性水平下对其产生显著负向影响（第 1—4 列）。而 DID 对各省技术市场交易活跃度（$lnTECH$）的影响并不具有显著性水平（第 5—8 列）。空间效应结果显示，除个别系数外，DID 对空间关联省

表 6.5 技术进步效应基准回归结果

权重设定		(1) W_g	(2) W_e	(3) W_{ge}	(4) W_{gew}	(5) W_g	(6) W_e	(7) W_{ge}	(8) W_{gew}
		lnPAT				lnTECH			
DID	本地效应	-0.9064***	-0.8869*	-0.8750***	-0.8788***	-0.4317	-0.7260	0.2792	-0.3907
		(0.1668)	(0.4526)	(0.0916)	(0.1358)	(0.7638)	(0.7340)	(0.7333)	(0.7739)
	空间效应	4.7426**	1.5807	1.6331**	1.8008***	5.8096***	1.8051	2.0315***	1.9248***
		(1.9927)	(2.0700)	(0.6435)	(0.6208)	(1.5162)	(2.0480)	(0.7121)	(0.6365)
ρ		-0.7237***	0.0254	0.0998*	0.0867	-0.9973***	-0.0359	0.0177	-0.0109
		(0.1979)	(0.0464)	(0.0429)	(0.0472)	(0.2204)	(0.0326)	(0.0346)	(0.0365)
σ		1.1392***	1.1610***	1.1618***	1.1554***	1.1853***	1.2680***	1.2673***	1.2660***
		(0.0851)	(0.0940)	(0.0990)	(0.0980)	(0.1171)	(0.1345)	(0.1362)	(0.1390)
省份固定效应		是	是	是	是	是	是	是	是
时间固定效应		是	是	是	是	是	是	是	是
N		330	330	330	330	330	330	330	330
R^2		0.3233	0.3115	0.2634	0.2791	0.0832	0.1923	0.2582	0.2275

注：***，**，和 * 表示在 1%，5% 和 10% 水平下显著；括号内为省级层面聚类稳健标准误。

份技术创新发展（*lnPAT*）的正向影响效果均在至少 5% 水平下显著（第 1—4 列），*DID* 对空间关联区域技术市场交易活跃度（*lnTECH*）的正向影响效果均在 1% 水平下显著（第 5—8 列）。上述结果证实，售电侧市场化改革能够推动邻近区域的技术进步发展，进而正向影响空间关联省份的绿色经济发展。

　　出现上述结果的原因可能是，售电侧市场化改革后，售电侧市场无序竞争模式下，清洁发电企业与清洁能源用户有可能退出本地市场，引发省份内产业结构固化表现。而清洁发电企业进入将直接影响邻近区域的发电侧竞争，助力该区域政府顺势推进煤电高效清洁发展，激励高污染、低效率发电企业革新生产技术或积极拓展可再生能源的利用，应对外来清洁发电企业的冲击。随发电企业、清洁电能用户进入该地市场的清洁生产技术，能够进一步降低区域内企业革新发电技术、经营模式的学习成本，构成其模仿创新或实质性创新发展的有效激励，能够助力该区域清洁生产技术的高速迭代，进而加速绿色经济发展进程。

二、对空间关联区域资源流通的促进效应

　　表 6.6、表 6.7 中列示了售电侧市场化改革影响绿色经济发展空间效应的资源流通机制检验结果。表 6.6 电力资源流通机制的估计结果显示，*DID* 能够在 5% 的显著性水平下负向影响区域电力资源调入（*ELEC*）（第 1 列）。进一步的，对比分析不同电力资源调度水平区域售电侧市场化改革的绿色经济效应，不难发

现，售电侧市场化改革（ *DID* ）对高调度水平区域绿色经济发展（ *GTFP* ）的负向影响具有1%水平的显著性（第2列），但其对低调度水平区域绿色经济发展（ *GTFP* ）的影响效果不具有统计学意义（第3列）。这在一定程度上证实，售电侧市场化改革将影响区域电力资源调入表现。

表6.6　电力资源流通效应基准回归结果

	(1) *ELEC*	(2) *GTFP*	(3) *GTFP*
	全样本	高组	低组
DID	−0.0614**	−0.1909***	−0.0252
	(0.0297)	(0.0622)	(0.0612)
Controls	是	是	是
常数项	−0.5506	−5.8856*	−4.9363
	(1.3828)	(3.3180)	(3.1021)
省份固定效应	是	是	是
时间固定效应	是	是	是
N	348	204	156
R^2	0.6751	0.9645	0.9587

注：***，** 和 * 表示在1%，5%和10%水平下显著；括号内为省级层面聚类稳健标准误。

非电力资源流通机制的估计结果见表6.7。本地效应结果显示，售电侧市场化改革（ *DID* ）对各省份电力行业建设（ *CAP* ）的影响效果为负，且综合考虑经济–地理的空间关系时，结果限制其能够在5%的显著性水平下负向影响区域电力行业投资（第

1–4 列）。空间效应结果显示，除个别系数外，*DID* 对空间关联省份电力行业投资建设（*CAP*）的负向影响效果均在至少 5% 水平下显著（第 1–4 列）。上述结果证实，售电侧市场化改革对本区域电力行业建设有影响的同时，可以抑制邻近区域的电力行业投资规模的扩张速度。

表 6.7 非电力资源流通效应基准回归结果

权重设定		(1) W_g	(2) W_e	(3) W_{ge}	(4) W_{gew}
		CAP			
本地效应	*DID*	−0.1455	−0.1375	−0.1240**	−0.1246**
		(0.1057)	(0.0946)	(0.0603)	(0.0600)
空间效应		−0.1632	−0.1829***	−0.1466**	−0.1429**
		(0.1033)	(0.0675)	(0.0695)	(0.0636)
ρ		0.2245	−0.1040	0.2965***	0.1929**
		(0.1475)	(0.1330)	(0.0729)	(0.0782)
σ		0.0187***	0.0205***	0.0158***	0.0177***
		(0.0042)	(0.0047)	(0.0042)	(0.0042)
省份固定效应		是	是	是	是
时间固定效应		是	是	是	是
N		330	330	330	330
R^2		0.1441	0.1336	0.1183	0.1300

注：***，** 和 * 表示在 1%，5% 和 10% 水平下显著；括号内为省级层面聚类稳健标准误。

出现上述结果的原因可能是，售电侧市场化改革将引发具有配电网运营权主体的垄断经营或市场内低价竞争局势，在众多电力企业依据低价竞争战略抢占市场份额的过程中，区域内部电力资源要素错配局势加深。此时，部分清洁发电企业与清洁能源用户有动机退出本地市场，转移到具有绿色能源发展潜力的空间关联区域。但事实上，因发电企业极度依赖所拥有的发电设施与生产场地，较之清洁能源用户，清洁发电企业实际进行空间转移的成本较高，且投资期间长。因此，售电侧市场化改革推动本地清洁电能生产用户转移到具有绿色能源发展潜力的空间关联区域，进而带动电力投资规模扩张的影响可能存在一定时滞。尽管，政策实施后邻近区域的电力行业投资占比显现下降趋势，但伴随技术进步效应，大量资金、人才等资源的流入有助于邻近区域积攒后发优势，顺应本地政策实施显现推动区域绿色经济发展的激励作用。

三、对空间关联区域清洁生产的激励效应

表 6.8 中列示了售电侧市场化改革影响绿色经济发展空间效应的清洁生产机制检验结果。本地效应结果显示，售电侧市场化改革（ DID ）对各省技术非清洁生产（ $CLEAN$ ）的影响系数为正，但多不显著（第 1—4 列）。空间效应结果显示，使用经济–地理权重矩阵进行估计时， DID 对空间关联省份非清洁生产（ $CLEAN$ ）的负向影响效果均在至少 5% 水平下显著（第

3—4 列）。上述结果在一定程度上证实，售电侧市场化改革并不能够显著影响本区域能源生产布局，但其能够显著改善空间关联区域的电能生产结构，正向影响空间关联省份的绿色经济发展。

表 6.8　清洁生产基准回归结果

权重设定		(1) W_g	(2) W_e	(3) W_{ge}	(4) W_{gew}
		lnCLEAN			
本地效应	DID	0.0109	0.0180*	0.0119	0.0117
		(0.0198)	(0.0095)	(0.0145)	(0.0143)
空间效应		0.0124	−0.0229	−0.0550***	−0.0467**
		(0.0779)	(0.0368)	(0.0168)	(0.0182)
ρ		−0.3535	−0.0873	0.1453**	0.1522**
		(0.2475)	(0.0978)	(0.0690)	(0.0732)
σ		0.0015***	0.0014***	0.0016***	0.0016***
		(0.0003)	(0.0003)	(0.0004)	(0.0004)
省份固定效应		是	是	是	是
时间固定效应		是	是	是	是
N		330	330	330	330
R^2		0.0030	0.0158	0.0078	0.0000

注：***，** 和 * 表示在 1%，5% 和 10% 水平下显著；括号内为省级层面聚类稳健标准误。

出现上述结果的原因可能是，通过研读现行试点区域的政策文件，结合该区域电力市场及能源生产实际，非试点区域或预备试点地区政府能够降低本地区域售电侧市场化改革政策方案设计难度。同时，通过比对与试点区域能源结构、分布式电源基础、煤电企业生产水平等不同之处，非试点区域政府能够更精准锚定售电侧改革政策优化路径，提升本区域售电侧市场化改革成效，例如通过推行清洁发电的补贴政策降低清洁生产模式下电力企业收益的不确定性，进而倒逼区域产业转型发展并引导、助力发电企业转型升级，拓展清洁能源生产路径。因此，尽管售电侧市场化改革难以影响本区域电力生产格局，政策"学习效应""警示效应"协同资源流通与技术进步效应，有助于促进区域间电力资源优化配置和清洁能源消纳，引发改革试点对空间关联区域绿色经济发展的正向溢出影响。

第4节　稳健性检验

为检验其他潜在研究设计缺陷是否将显著影响前文估计结果，提升售电侧市场化改革绿色经济效应机制检验结果的可信度，本书将进一步使用更换因变量及调整样本区间的方式，进行稳健性检验。

一、本地效应机制的稳健性检验

（一）更换因变量

在基准回归中，使用 SBM 模型–GML 指数测算了省级层面绿色全要素生产率指标（*GTFP*）。考虑到 SBM 模型无法进一步区分有效决策单元（DUM）效率大小，参考已有研究做法（Tone 等，2002），结合 SBM 模型及 Andersen 与 Petersen（1993）构建的超效率 DEA 模型，建立 SBM 超效率模型（Super–SBM）再次测算并将所测度的新效率指数（*SuperGTFP*），作为对原有省级层面绿色全要素生产率的更替，开展稳健性检验。

表 6.9 分组回归结果显示，*DID* 对高技术创新水平区域 *GTFP* 的影响效果不具有统计学意义（第 2 列），其对低技术创新水平区域 *GTFP* 的负向影响具有 5% 水平的显著性（第 3 列）。同时，*DID* 对技术市场交易活跃区域 *GTFP* 的影响效果不具有统计学意义（第 5 列），但其对低活跃区域 *GTFP* 的负向影响在 1% 水平下显著性（第 6 列）。以上结果表明，将由 Super–SBM 模型测算的省级绿色全要素生产率作为对原有因变量的更替开展稳健性检验，估计结果与基准回归并未显现显著差异，提升了本书机制检验结果的可信度。

表 6.9 技术进步效应

	（1）lnPAT 全样本	（2）SuperGTFP 高组	（3）SuperGTFP 低组	（4）lnTECH 全样本	（5）SuperGTFP 高组	（6）SuperGTFP 低组
DID	-0.7345***	-0.1702	-0.1542**	-0.6233	0.1104	-0.1769***
	(0.1434)	(0.0943)	(0.0633)	(0.7497)	(0.2784)	(0.0568)
Controls	是	是	是	是	是	是
常数项	27.6995*	-22.1076**	3.3190	30.8193**	-0.1431	-0.0474
	(13.9680)	(7.4378)	(6.0922)	(14.5927)	(9.6480)	(4.1896)
省份固定效应	是	是	是	是	是	是
时间固定效应	是	是	是	是	是	是
N	360	84	276	359	72	288
R^2	0.6307	0.9571	0.9558	0.6456	0.9359	0.9674

注：***，**和*表示在1%，5%和10%水平下显著；括号内为省级层面聚类稳健标准误；控制变量与基准回归一致。

表 6.10 分组回归结果显示，*DID* 对高电力损耗区域 *GTFP* 的负向影响具有 5% 的水平显著性（第 2 列），其对低技术创新水平区域 *GTFP* 的影响不具有统计学意义（第 3 列），表明更换因变量进行估计，结果与基准回归并未出现显著差异，提升了机制检验结果的可信度。

表 6.10　资源配置效应

	(1) *LOSS*	(2) *SuperGTFP*	(3) *SuperGTFP*
	全样本	高组	低组
DID	0.1133*	−0.2343**	−0.0297
	(0.0575)	(0.0825)	(0.1325)
Controls	是	是	是
常数项	3.3215	−7.6920	−0.7685
	(4.0105)	(5.4705)	(6.6807)
省份固定效应	是	是	是
时间固定效应	是	是	是
N	360	180	180
R^2	0.7894	0.9344	0.9577

注：***，** 和 * 表示在 1%，5% 和 10% 水平下显著；括号内为省级层面聚类稳健标准误；控制变量与基准回归一致。

表 6.11 分组回归结果显示，*DID* 对产业结构高级化水平较高 *GTFP* 的负向影响不具有统计学意义（第 2 列），其对产业结构高级化水平较低区域 *GTFP* 的影响具有 1% 的水平显著性（第 3 列）。上述结果再次证实，更换因变量进行估计并不会显著影响估计结果，机制检验结果的稳健性得以证实。

表6.11 产业结构效应

	(1) INDUS	(2) SuperGTFP	(3) SuperGTFP
	全样本	高组	低组
DID	−0.1295*	−0.1716	−0.2153***
	(0.0703)	(0.1263)	(0.0751)
Controls	是	是	是
常数项	−3.0657	3.9595	−11.1560**
	(4.0537)	(7.4383)	(3.9270)
省份固定效应	是	是	是
时间固定效应	是	是	是
N	360	120	240
R^2	0.8208	0.9130	0.9746

注：***，** 和 * 表示在1%，5% 和10% 水平下显著；括号内为省级层面聚类稳健标准误；控制变量与基准回归一致。

（二）调整样本期间

进一步的，为排除新冠疫情前后各省经济发展环境系统性差异对估计结果的影响，提升售电侧市场化改革绿色经济效应空间溢出效果参数估计结果的可信度，本书将样本期间调整为2009—2019 年。

表6.12 分组回归结果显示，DID 对高技术创新水平区域GTFP 的影响效果不具有统计学意义（第 2 列），其对低技术创新水平区域 GTFP 的负向影响具有 5% 水平的显著性（第 3 列）。

表 6.12 技术进步效应

| | (1) lnPAT | (2) GTFP | (3) GTFP | (4) lnTECH | (5) GTFP | (6) GTFP |
	全样本	高组	低组	全样本	高组	低组
DID	−0.7481**	−0.1596	−0.1368**	−0.7072	−0.0176	−0.1637***
	(0.1882)	(0.0901)	(0.0615)	(0.7641)	(0.2360)	(0.0532)
Controls	是	是	是	是	是	是
常数项	28.8028**	−19.4677**	4.3517	28.2464*	2.8792	0.6667
	(13.5956)	(7.0113)	(5.5913)	(14.6254)	(12.8033)	(4.3261)
省份固定效应	是	是	是	是	是	是
时间固定效应	是	是	是	是	是	是
N	330	77	253	329	66	264
R^2	0.6384	0.9600	0.9597	0.6491	0.9470	0.9694

注：***，** 和 * 表示在 1%，5% 和 10% 水平下显著；括号内为省级层面聚类稳健标准误；控制变量与基准回归一致。

同时，*DID* 对技术市场交易活跃区域 *GTFP* 的影响效果不具有统计学意义（第5列），但其对低活跃区域 *GTFP* 的负向影响在1%水平下显著（第6列）。以上结果表明，更换样本期间进行估计，回归结果并不会与前文出现较大差异，未排除新冠病毒影响的机制检验基准回归结果具有可信度。

表6.13分组回归结果显示，*DID* 对高电力损耗区域 *GTFP* 的负向影响具有5%的水平显著性（第2列），其对低技术创新水平区域 *GTFP* 的影响不具有统计学意义（第3列），证实更换样本期间进行估计的结果并未与基准回归出现显著差异，提升了机制检验结果的可信度。

表 6.13 电力资源流通效应

	(1) *LOSS*	(2) *GTFP*	(3) *GTFP*
	全样本	高组	低组
DID	0.1152*	−0.2456**	0.0341
	(0.0677)	(0.0950)	(0.1077)
Controls	是	是	是
常数项	4.1868	−7.7739	−2.3748
	(4.2928)	(4.5109)	(4.7581)
省份固定效应	是	是	是
时间固定效应	是	是	是
N	330	165	165
R^2	0.7813	0.9546	0.9709

注：***，** 和 * 表示在1%，5% 和 10% 水平下显著；括号内为省级层面聚类稳健标准误；控制变量与基准回归一致。

表 6.14 分组回归结果显示，*DID* 对产业结构高级化水平较高区域绿色经济发展（*GTFP*）的影响效果并未通过显著性检验（第 2 列），但其对较低水平区域绿色经济发展（*GTFP*）的负向影响在 10% 水平下显著（第 3 列），这表明更换样本期间进行估计，结果并不会与基准回归出现显著差异，基准回归结果具有稳健性。

表 6.14　产业结构效应

| | (1) *INDUS* | (2) *GTFP* | (3) *GTFP* |
	全样本	高组	低组
DID	−0.1370*	−0.1267	−0.2238*
	(0.0733)	(0.1038)	(0.1234)
Controls	是	是	是
常数项	−2.8971	1.3733	−9.4121**
	(3.5047)	(6.2730)	(3.4353)
省份固定效应	是	是	是
时间固定效应	是	是	是
N	330	110	220
R^2	0.8337	0.9200	0.9831

注：***，** 和 * 表示在 1%，5% 和 10% 水平下显著；括号内为省级层面聚类稳健标准误；控制变量与基准回归一致。

二、空间效应机制的稳健性检验

（一）更换因变量

首先，使用 Super-SBM 模型测算的省级绿色全要素生产率作为对原有因变量的更替开展稳健性检验。表 6.15 结果显示，售电侧市场化改革（ *DID* ）对高调度水平区域绿色经济发展（ *GTFP* ）的负向影响具有 1% 水平的显著性（第 2 列），但其对低调度水平区域绿色经济发展（ *GTFP* ）的影响效果不具有统计学意义（第 3 列）。以上结果表明，更换因变量进行估计并不会显著影响估计结果，机制检验结果的稳健性得以证实。

表 6.15　电力资源流通效应

	(1) *lnELEC*	(2) *superGTFP*	(3) *superGTFP*
	全样本	高组	低组
DID	−0.0614**	−0.1884***	−0.0252
	(0.0297)	(0.0635)	(0.0612)
Controls	是	是	是
常数项	−0.5506	−5.7336	−4.9363
	(1.3828)	(3.4170)	(3.1021)
省份固定效应	是	是	是
时间固定效应	是	是	是
N	348	204	156
R^2	0.6751	0.9637	0.9587

注：***，** 和 * 表示在 1%，5% 和 10% 水平下显著；括号内为省级层面聚类稳健标准误；控制变量与基准回归一致。

（二）调整样本期间

其次，将样本期间调整为 2009—2019 年，以排除新冠疫情前后各省经济发展环境系统性差异对估计结果的影响。表 6.16 空间

表 6.16 技术进步效应

权重设定		(1) W_g	(2) W_e	(3) W_{ge}	(4) W_{gew}	(5) W_g	(6) W_e	(7) W_{ge}	(8) W_{gew}
		lnPAT				lnTECH			
DID	本地效应	0.0545	0.4493	-0.0031	0.0497	0.4090	0.7098	0.2543	0.3602
		(0.7450)	(0.8779)	(0.8159)	(0.8441)	(0.7285)	(0.7049)	(0.6953)	(0.7438)
	空间效应	0.1485	1.6308	1.6198**	1.8903***	6.1910***	1.7559	2.0562**	1.9495***
		(1.1051)	(2.1866)	(0.7578)	(0.7101)	(1.6063)	(2.0637)	(0.8462)	(0.7413)
ρ		-0.7237***	0.2562**	0.0748*	0.1291***	-1.0038***	0.0070	0.0204	-0.0102
		(0.1979)	(0.1011)	(0.0453)	(0.0460)	(0.2288)	(0.0376)	(0.0396)	(0.0386)
σ		1.1392***	1.3765***	1.1305***	1.1359***	1.1778***	1.2584***	1.2563***	1.2572***
		(0.0851)	(0.1110)	(0.0863)	(0.0890)	(0.1205)	(0.1356)	(0.1362)	(0.1377)
省份固定效应		是	是	是	是	是	是	是	是
时间固定效应		是	是	是	是	是	是	是	是
N		300	300	300	300	300	300	300	300
R^2		0.3233	0.3345	0.3204	0.2936	0.1111	0.2396	0.2799	0.2561

注：***，** 和 * 表示在 1%，5% 和 10% 水平下显著；括号内为省级层面聚类稳健标准误；控制变量与基准回归一致。

效应结果显示，使用经济–地理权重矩阵进行估计时，*DID* 对 *lnPAT* 的正向影响效果均在至少在 5% 水平下显著（第 3—4 列）。同时，除个别系数外，*DID* 对 *lnTECH* 的正向影响效果至少在 5% 水平下显著（第 5—8 列）。证实更换样本期间进行估计，结果并不会与基准回归出现显著差异，基准回归结果具有稳健性。

表 6.17 电力资源流通效应的估计结果显示，*DID* 对 *lnELEC* 的影响不具有统计学意义，但在更大置信区间（*T* 值 =1.63）内能够接受其对 *lnELEC* 具有负向影响（第 1 列）。而分组回归结果显示，其对高调度水平区域 *GTFP* 能够在 5% 水平下产生负向影响，但其对低调度水平区域 *GTFP* 的影响不具有统计学意义（第 3 列）。以上结果表明，更换样本期间进行估计并不会显著影响估计结果，机制检验结果的稳健性得以证实。

表 6.17　电力资源流通效应

	(1) *lnELEC*	(2) *GTFP*	(3) *GTFP*
	—	高组	低组
DID	−0.0531	−0.1696**	−0.0556
	(0.0325)	(0.0653)	(0.0487)
Controls	是	是	是
常数项	−0.6795	−6.8005**	−4.1179*
	(1.5917)	(2.9040)	(2.0378)
省份固定效应	是	是	是
时间固定效应	是	是	是

续表

	(1) *lnELEC*	(2) *GTFP*	(3) *GTFP*
	—	高组	低组
N	319	187	143
R^2	0.8306	0.9718	0.9681

注：***，** 和 * 表示在 1%，5% 和 10% 水平下显著；括号内为省级层面聚类稳健标准误；控制变量与基准回归一致。

表 6.18 空间效应结果显示，除个别系数外，*DID* 对 *CAP* 的负向影响效果具有至少 10% 的显著性水平（第 5—8 列），该结果表明，更换样本期间进行估计，回归结果并不会与前文出现显著差异，基准回归结果具有稳健性。

表 6.18　非电力资源流通效应

权重设定		(1) W_g	(2) W_e	(3) W_{ge}	(4) W_{gew}
		CAP			
本地效应	*DID*	−0.0139	−0.0478	−0.0199	−0.0214
		(0.0486)	(0.0700)	(0.0269)	(0.0257)
空间效应		−0.1712*	−0.1274	−0.1311**	−0.1286**
		(0.0909)	(0.0787)	(0.0568)	(0.0598)
ρ		0.1472	−0.0654	0.2215***	0.1259*
		(0.1686)	(0.1139)	(0.0747)	(0.0705)
σ		0.0134***	0.0143***	0.0117***	0.0126***
		(0.0035)	(0.0040)	(0.0034)	(0.0034)
省份固定效应		是	是	是	是

续表

权重设定	(1) W_g	(2) W_e	(3) W_{ge}	(4) W_{gew}
	CAP			
时间固定效应	是	是	是	是
N	300	300	300	300
R^2	0.1347	0.1097	0.1047	0.1028

注：***，** 和 * 表示在 1%，5% 和 10% 水平下显著；括号内为省级层面聚类稳健标准误；控制变量与基准回归一致。

表 6.19 结果显示，综合考虑经济-地理的空间关系时，DID 对 CLEAN 的负向影响至少具有 5% 水平的显著性（第 3—4 列），结果表明，更换样本期间进行估计并不会显著影响估计结果，机制检验结果的稳健性得以证实。

表6.19 清洁生产效应

权重设定		(1) W_g	(2) W_e	(3) W_{ge}	(4) W_{gew}
		CLEAN			
本地效应	DID	0.0092	0.0172	0.0089	0.0084
		(0.0208)	(0.0111)	(0.0162)	(0.0165)
空间效应		0.0061	−0.0376	−0.0574**	−0.0538**
		(0.0903)	(0.0313)	(0.0243)	(0.0250)
ρ		−0.3175	−0.1197	0.1563**	0.1753**
		(0.2437)	(0.0955)	(0.0668)	(0.0694)
σ		0.0015***	0.0014***	0.0016***	0.0015***
		(0.0003)	(0.0003)	(0.0004)	(0.0004)
省份固定效应		是	是	是	是

权重设定	(1) W_g	(2) W_e	(3) W_{ge}	(4) W_{gew}
	CLEAN			
时间固定效应	是	是	是	是
N	300	300	300	300
R^2	0.0041	0.0148	0.0119	0.0020

注：***，** 和 * 表示在 1%，5% 和 10% 水平下显著；括号内为省级层面聚类稳健标准误；控制变量与基准回归一致。

第5节　本章小结

本章聚焦于售电侧市场化改革绿色经济效应的内在机制，在针对本地效应与空间效应分别构建机制检验模型的基础上，考察售电侧市场化改革绿色经济效应的传导路径。

首先，从技术进步效应、资源配置效应以及产业结构效应维度检验售电侧市场化改革影响绿色经济发展的本地效应内在机制，发现如下：

（1）技术进步效应结果显示，售电侧市场化改革在一段时间内可能不利于区域技术进步。出现该结果的原因是，偏差考核风险的存在将迫使部分企业选择购电代理，从而削弱部分电力企业引入数字技术监管生产经营的可能。同时，因建设成本高、风险大，清洁发电具有收益不确定性，构成售电侧市场化改革背景下发电企业转型发展的另一阻碍。

（2）资源配置效应结果显示，售电侧市场化改革将提高区域电力损耗。出现上述结果的原因是，当前增量配网业务电源接入难、投资风险高，且微电网主体在售电侧市场中体量小、竞争优势暂不明显，因此，放开售电资格对社会资本投资配电业务的激励效果有限。且拥有区域配电网经营权的售电公司依托配电网能够实现自然垄断，从而损害了售电侧市场交易公平性，不利于区域电能与分布式能源的优化配置。

（3）产业结构效应结果显示，售电侧市场化改革可能影响区域产业结构高级化进程。出现该结果的原因是，当前电力增值业务市场发育不足，售电公司仍有动机沿袭原电网企业经营模式，赚取购售电差价实现赢利，这将导致电力市场的无序竞争。此时，不仅售电公司因经营亏损更难以拓展增值服务，变更差异化经营模式，清洁发电企业的赢利空间也将被部分挤占。部分以绿色生产技术为比较竞争优势的企业将带动清洁电能用户、金融资本、技术及人才流向外地市场，引发产业结构固化效应。

其次，从技术进步效应、资源流通效应以及清洁生产效应维度检验售电侧市场化改革影响绿色经济发展的空间效应内在机制，发现如下：

（1）技术进步效应结果显示，售电侧市场化改革能够推动邻近区域的技术进步发展，进而正向影响空间关联省份的绿色经济发展。出现上述结果的原因可能是，无序竞争模式下，清洁发电企业与清洁能源用户有可能退出本地市场，引发省份内产业结构固化表现。而清洁发电企业、技术、人才、资本的进入将直接影响邻近区域的发电侧竞争，助力该区域政府顺势推进煤电高效清洁发展，降低区域内企业革新发电技术、经营模式的学习成本，助力该区域清洁生产技术的高速迭代，加速绿色经济进程。

（2）资源流通效应结果显示，售电侧市场化改革能够正向影响邻近区域的电力行业投资规模扩张，推动空间关联省份绿色经济发展。出现上述结果的原因可能是，售电侧市场化改革将引发低价竞争局势，在其众多电力企业依据低价竞争战略抢占市场份额的过程中，区域内部电力资源要素错配局势加深。同时，清洁发电企业与清洁能源用户转移到具有绿色能源发展潜力的空间关联区域，能够带动创新人才、技术、优质金融资源的要素转移，助力邻近区域依托能源结构优化，实现产业结构升级等，缓解低效能源分配机制对该区域绿色经济发展的不利影响。

（3）清洁生产效应结果显示，售电侧市场化改革并不能够显著影响本区域能源生产布局，但其能够显著改善空间关联区域的电能生产结构，正向影响该省份的绿色经济发展。出现上述结果的原因可能是，尽管售电侧市场化改革难以影响本区域电力生产格局，但政策"学习效应""警示效应"有助于非试点地区或预备试点地区的政府能够降低本地区域售电侧市场化改革政策方案设计难度。更为关键的是，比对与试点区域能源生产、消费结构等不同之处，有助于政府挖掘售电侧改革政策优化路径，通过推行清洁的补贴政策等降低清洁生产模式下电力企业收益的不确定性，倒逼区域产业转型发展并引导、助力发电企业转型升级，拓展清洁能源生产路径，实现绿色经济发展。

第7章

绿电未来：
售电制度优化及未来展望

本书在梳理中国售电侧市场化改革理论与实践经验的基础上，通过构建渐进性双重差分模型和空间计量模型分析其对本区域以及空间关联区域绿色经济发展的影响，并基于中国售电侧市场化改革绿色经济效应作用机理进行机制检验。本章在本书前述研究基础上得出本书研究结论，针对研究结论提出相应政策建议，并对售电行业未来发展进行展望。

第 1 节　未达预期：绿色产出总体效果待加强

　　为深入剖析中国售电侧市场化改革的绿色经济效应及形成机理，首先通过解读售电侧市场化改革政策相关文件，结合中国电力生产相关信息，发现中国售电侧市场化改革前中国火电电力产能过剩，电力清洁生产规模不足，电力生产存在严重环境污染问题。然而，购售电业务垄断与政府无效干预损害了众多电力企业经营，阻碍区域间电力资源流通，使电力价格严重偏离市场供需关系，导致终端销售电价高居不下。现阶段，亟须构建售电侧电力行业竞争市场，增强电力需求侧响应能力，提高电力能源需求弹性，充分发挥电能价格信号机制，引导电力行业绿色、高效发展。事实上，围绕 2003 年电价改革方案政府已进行众多探索，尤其输配电价改革卓有成效，使得进一步拆解销售侧"捆绑电价"并推行售电侧市场化改革成为可能。概括而言，立足于政策背景，售电侧市场化改革内容主要如下：①建立多元、开放、清洁、有序的售电侧市场，突破售电侧市场隐性准入壁垒，建立售电侧市场进入退出机制，打破电力企业购售电垄断；②逐步形成市场化销售电价机制，变更销售电价定价原则，拆解原有用户终端购电价格，改变政府核定"捆绑价格"的定价模式；③拓展售电侧市场交易形式，确立"中长期交易为主、现货交易为辅"的市场建设原则；④推行跨区域电力市场交易，预期建设全国统一电力市场体系。

更为关键的是，现阶段售电侧改革方向瞄准节能减排和安全高效，改革具有潜在"绿色属性"。一方面，一系列政策文件为售电市场主体的准入条件设置了"清洁门槛"。如：《意见》规定了发电企业、电力用户以及售电公司进入售电市场的能效要求及环保标准，并鼓励分布式电源用户与节能服务公司从事市场化售电业务。同时，《电力中长期交易基本规则》规定，发电企业以及电力用户的准入条件之一均为，须要符合国家产业政策或及节能环保要求。上述规定通过负面清单的方式，能够成为电力企业实现高效率经营的激励。此外，《关于加快建设全国统一电力市场体系的指导意见》则指出将引导用户侧可调负荷资源、储能、分布式能源、新能源汽车等新型市场主体参与市场交易，在丰富售电侧竞争主体的同时，提高能源利用效率和清洁能源消纳水平。另一方面，明确了绿色电力在电力市场交易和电网调度运行中优先组织、优先安排、优先执行、优先结算的原则，如2021年8月国家发展和改革委员会、国家能源局发布《绿色电力交易试点工作方案》、2022年1月18日《关于加快建设全国统一电力市场体系的指导意见》（发改体改〔2022〕118号），2022年5月14日《关于促进新时代新能源高质量发展的实施方案》（国办函〔2022〕39号）均提出要"以市场化方式发现绿色电力的环境价值"，进一步强调了绿电交易的优先地位。

在详细了解制度背景与改革内容的基础上，结合资源配置理论、政府管制理论、新规制经济理论以及绿色经济增长理论，本书就中国售电侧市场化改革的绿色经济效应进行理论分析，重点关注售电侧市场化改革是否具有潜在"绿色属性"，提出研究假说：①就售电侧市场化改革影响区域绿色经济发展的本地效应而言，改革可能因为"抑制技术进步""干扰资源配置""引发产业结构固化"，从而不利于区域绿色经济发展；②就售电侧市场化改革影响区域绿色经济发展的空间效应而言，改革可能存在正向溢出效果，通过"要素流通机制""产业升级机制"以及"政策学习机制"，推动邻近区域绿色经济发展。

为检验中国售电侧市场化改革的绿色经济效应及形成机理，本书以售电侧市场化改革为政策背景，2009—2020年中国30个省的平衡面板数据进行如下分析。第一，使用DID模型（双重差分）对中国售电侧市场化改革的本地绿色经济效应进行分析；第二，构建S-DID模型（空间双重差分），从空间视角挖掘中国售电侧市场化改革绿色经济效应的溢出效应；第三，检验并分析售电侧市场化改革绿色经济效应的内在机制。

一、本地效果

售电侧改革本地效果不利因素如下：①政府监管缺位，立法滞后导致售电新型垄断未受遏制，引发无序低效竞争局势，加之

"清洁门槛"设置过低，难以激励市场革新技术。②售电公司赢利模式单一，增值业务拓宽乏力，需求侧响应不足，削弱本地资源配置效应。③增量配网业务投入大，周期长，激励不足导致本地清洁资源外流，引发产业结构固化效应。④在地方电力立法水平较低、金融发展水平较弱地区以及产权保护力度较弱地区推动售电侧市场化改革，对其绿色经济发展的抑制效果更为显著。

（一）售电侧市场化改革与区域绿色经济发展的因果关系检验：以中国售电侧市场化改革为外生冲击构建多时点 DID 模型，本书就中国售电侧市场化改革对区域绿色经济发展的影响效果进行实证检验。同时，平行趋势检验结果证实，中国售电侧市场化改革对各省绿色全要素生产率的不利影响具有持续性。其后，针对基准回归结果进行了一系列稳健性检验，包括更换因变量、更换聚类稳健标准误、调整样本期间与安慰剂检验。

（二）售电侧市场化改革影响区域绿色经济发展的异质性分析：分别基于地方电力立法水平、金融发展水平以及产权保护力度视角，检验中国售电侧市场化改革对区域绿色经济发展影响效果的潜在异质性，结果表明，在地方电力立法水平较低、金融发展水平较弱地区以及产权保护力度较弱地区推动售电侧市场化改革，对其绿色经济发展具有一定抑制效果。反之，则有显著激励作用。

（三）售电侧市场化改革影响区域绿色经济发展本地效应的机制检验：从技术进步效应、资源配置效应以及产业结构效应维度检验售电侧市场化改革影响绿色经济发展的本地效应内在机制，研究证实售电侧市场化改革一定程度上不利于区域技术进步；第二，改革不利于区域电能与非电力能源的优化配置；第三，将引发产业结构固化效应。

二、空间效果：售电侧改革促进空间关联省份绿色发展

中国售电侧市场化改革对空间关联省份的绿色经济发展具有显著正向溢出影响。①售电侧市场化改革能够推动邻近区域的技术进步发展，进而正向影响空间关联省份的绿色经济发展；②能够正向影响邻近区域的电力行业投资规模扩张，推动空间关联省份绿色经济发展；③售电侧市场化改革虽然不能够显著影响本区域能源生产布局，但在"学习效应""警示效应"下能够显著改善空间关联区域的电能生产结构，正向影响该省份的绿色经济发展。④更强的政府财政实力、更强的信息基建水平以及更强的市场化发展水平能够增强本省对空间关联区域绿色经济发展的正向溢出效果。

（一）售电侧市场化改革影响区域绿色经济发展的空间效应分析：由于在本书框架中，售电侧市场化改革的绿色经济效应具有潜在空间溢出性，违背 DID 估计方法所须满足的 SUTVA 假设，直接干扰 DID 估计的因果识别效率。因此，结合空间计量与双重差分模型，构建 Spatial-DID 模型，考察中国售电侧市场化改

革绿色经济效应的空间溢出效果，并检验未考虑空间溢出效应时 SUTVA 假设不满足对估计结果的潜在干扰。构建地理权重矩阵、经济权重矩阵、综合考虑地理距离与经济距离影响的地理-经济权重矩阵以及逆经济加权的地理权重矩阵进行估计，并开展 SDM 模型适用性检验，研究证实本省绿色经济发展水平提升能够对空间关联区域的绿色经济发展产生正向溢出效果。

（二）售电侧市场化改革影响区域绿色经济发展的空间效应分解：使用偏微分方法对 SDM 模型的参数估计结果进行分解，结果证实，售电侧市场化改革对空间关联省份的绿色经济发展具有显著正向溢出影响。更换空间权重矩阵设定、更换因变量、调整样本区间及更换聚类稳健标准误等方式，可增强上述结果的稳健性。

（三）售电侧市场化改革影响区域绿色经济发展空间效应的异质性分析：构建 Spatial-DDD 模型检验售电侧市场化改革绿色经济效应的潜在异质性表现，研究发现：更强的政府财政实力、更强的信息基建水平以及更强的市场化发展水平，能够缓解售电侧市场化改革对本省绿色经济发展的不利影响的同时，增强本省改革对空间关联区域绿色经济发展的正向溢出效果。

（四）售电侧市场化改革影响区域绿色经济发展空间效应的机制检验：从技术进步效应、资源流通效应以及清洁生产效应维度检验售电侧市场化改革影响绿色经济发展的空间效应内在机制，对本区域而言，一段时间内在一定程度上有不利影响，但对空间关联省份来说，有如下正向影响：能够推动邻近区域的技术进步发展，进而正向影响绿色经济发展；能够正向影响邻近区域的电力行业投资规模扩张，推动空间关联省份绿色经济发展；"学习效应""警示效应"下其能够显著改善空间关联区域的电能生产结构，正向影响该省份的绿色经济发展。

第2节 改进措施：售电侧改革制度优化建议

一、以法治引领打破售电新型垄断格局

售电侧市场化改革必须在法律的框架内进行，多数国家改革经验证实立法先行的重要性。中国需要制定规范售电市场的法律制度，并且根据电力体制改革的新要求进一步修改《电力法》等其他电力领域法律规范。法律制度不仅应当是稳定的，还应当具有前瞻性和指导性。必须发挥法治对改革的引领作用，构建公平有序、清洁高效的售电市场，打破售电新型垄断格局，为各售电市场主体稳预期、增信心。

一方面，政府要维护售电侧市场公平竞争秩序，监管部门及单位对市场主体间合法交易与电价的干预行为，提前针对电网企业售电公司与拥有配电网运营权的售电公司潜在垄断优势制定惩戒条约，防范售电侧市场化改革后形成新型售电垄断格局。这有助于提升普通电力用户直接参与市场交易的意愿，促使其为获得售电侧市场准入资格，变革生产技术、优化经营效率，推动区域绿色经济发展。

另一方面，政府要对具有垄断势力的增量配电网售电公司加强监管。在增量配电网售电公司所拥有控股资产的配电网内，其实质为局部电网企业，竞争优势显著。为了避免新增配电垄断，政府要进一步对放开的增量配电业务实施严苛监管，优化市场运行机制，保障增量配电网下的用户享有售电选择权，实现区域内部电力资源的优化配置，推动绿色经济发展。

二、以需求侧响应推动售电有序竞争

为扭转售电企业无序竞争局势，根据"需求侧决定论"，政府需要大力推动电力需求侧响应管理，积极培育电力增值业务服务市场，积极引导售电公司深入挖掘电力用户习惯，拓宽售电公司服务模式和服务格局，为电力用户提供多元的、个性化的、综合性的售电、节电、用电服务，以需求侧响应推动售电有序竞争。

首先，顺应当前能源革命局势，伴随能源技术创新与电力消费动力转化，地方政府应当积极引导区域能源消费模式升级，拓展能源消费格局。在此过程中，具有配电网经营权的售电公司可以借助配电网形成多网融合格局，改变水、电、气、热服务分拆的经营方向，以电网、互联网、电信等建设为依托，为用户有偿提供多种能源优化组合方案，提供发电、供热、供冷、供气、供水等智能化综合能源服务，寻找开展增值服务的着力点，构成电力行业与其他新兴行业形成良性互动，促进区域绿色经济发展。

其次，政府需积极推行城市电网智能化发展，积极引进云计算、大数据、物联网、移动互联网、区块链技术，推进能源产业链与互联网的深度融合。这能够在一定程度上，激励售电企业占据增值服务蓝海市场，抑制售电企业间低成本竞争局势，实现售电侧市场化改革的潜在绿色经济效应。在使用电力大数据挖掘增值服务、进行电力预测、开展行业咨询业务的同时，政府还要引导智能化能源供应产业发展，助力新能源、电动汽车、储能技术等电力系统创新成果产出，重塑传统电力产业竞争格局，促进绿色经济发展。

最后，地方政府要加快推进区域政企协同办电信息共享平台建设，强化发电侧与售电侧的数据联通，通过信息共享缩减供电企业办电时间，提升交易透明度与办电效率，并在此基础上还原电价在供需关系中的双向调节作用，以实现售电侧市场化改革的绿色经济效应。

三、以增量配电网发展带动绿电消纳

售电侧市场化改革赋予拥有区域配电网运营权的主体从事售电业务的资格，有助于实现分布式电力能源的优化配置，进而提升电力现货市场的交易效率和安全性，提升电源与用户的经济收益。但增量配电网业务存在投资周期长、门槛高、收益低等问题，政府应当多措并举，积极推动增量配电网投资建设，以促进绿色电力生产和消纳。

　　首先，为降低增量配网业务面临电源接入难、投资风险高对社会资本投资配电业务激励机制抑制效果，短期内政府要积极推动以国有电网企业控股，并引入社会资本成立混合所有制企业的方式发展增量配电业务。这不仅能够在一定程度上保证电网竞争性，还可以放大国有资本功能，促进电网企业提高运营效率，并加深社会资本和国有资本合作关系，保障供电安全，降低社会资本投资风险，进而实现对社会闲散配电资产的充分利用，优化资源配置效率，助力区域绿色经济发展。

　　其次，以社会资本投资增量配电网为基础，政府需要在碳电市场之间建立科学合理的价格疏导机制以及高效协同的减排传导机制，通过提升发电企业碳配额费用促使其清洁化生产。在此过程中，政府应当对清洁发电企业进行精准补贴，关注清洁能源电网配套设施的成本问题，提升发电企业更新技术或拓展可再生能源业务的预期收益，推动区域绿色经济发展。

　　最后，为稳妥推进新能源参与电力市场交易，政府需要充分考虑新能源发电生产特征，设计有利于新能源电力参与市场竞争的电力市场交易机制，提升区域清洁能源消纳水平，并优化分布式能源配置，以新能源绿色价值引导区域经济高质量发展。

四、以电力一体化建设优化省间电能调度

　　通过中国售电侧市场化改革对区域绿色经济影响的空间溢出效应结果可知，只有畅通跨省跨区电力交易机制、统一省间电力

交易规则、优化省间电能调度，才能实现售电侧市场化改革的绿色目标。当前，我国大力推动全国电力统一大市场建设，更需以破解省间市场与省内市场的衔接难题为基础。

首先，政府需要在推进本区域售电侧市场化改革的过程中，针对各市场模式存在个性化差异，破解省间市场与省内市场的衔接难题，进而实现电力能源的空间流通。此时，不仅要建立并完善新能源参与跨省跨区交易机制，还要建立统一规范的规则体系和技术标准，引导区域间清洁电能资源调度，并促进省域间技术、人才、资本的流通效率，强化省间市场与省内市场、中长期与现货市场的协同发展关系。

其次，当前电力现货市场试点机制对高比例新能源考虑尚不完善，地方政府可以通过降低市场准入门槛与交易限制，放开电力现货市场交易，增强清洁电能通过电力现货市场实现资源配置优化的深度与广度。

最后，政府还要优化新能源市场交易和合约调整机制，协同城市智慧电网建设推进绿色电力消费配套政策实施。这不仅有助于提高区域间清洁电能交易互动效率，提升清洁能源配置网络弹性，还可以深入推进清洁发电企业生产经营数字化转型，构建绿色高效的电能交易市场，实现售电侧市场化改革的绿色经济效应。

第3节 行业展望：售电市场大有可为

一、电力市场化持续深入，绿电交易发展迅速

自 2015 年 "9 号文"开启了售电市场以来，我国电力市场化改革不断深入，市场化交易电量占比从 2016 年不到 17% 上升到 2023 年超过 61%，市场机制已在资源配置中起到决定性作用。近年来，中国加快建设全国统一电力市场体系，多层次电力市场体系有效运行，其中电力中长期交易已在全国范围内常态化开展，充分发挥"压舱石"作用，稳定了总体市场规模和交易价格，而山西、广东电力现货市场正式运行，南方区域电力现货市场首次试运行，电力现货市场发现价格起到了"晴雨表"作用。

绿电交易也发展迅速，2023 年 8 月 3 日，国家发展和改革委员会、财政部、国家能源局联合发布《关于做好可再生能源绿色电力证书全覆盖工作促进可再生能源电力消费的通知》，明确对全国风电（含分散式风电和海上风电）、太阳能发电（含分布式光伏发电和光热发电）、常规水电、生物质发电、地热能发电、海洋能发电等已建档立卡的可再生能源发电项目所生产的全部电量核发绿证，实现绿证核发全覆盖，标志着绿证核发进入新阶段。自 2017 年我国试行绿证制度以来，绿证市场总体向好，初步推动全社会形成较好的绿色电力消费意识，绿电绿证交易规模稳步扩大，截至 2023 年 10 月底，已累计达成绿电交易电量 878 亿千瓦时，核发绿证 1.48 亿个。随着清洁能源装机规模持续增

长，可再生能源已成为保障电力供应的重要力量。

二、售电市场愈渐成熟，售电公司前景广阔

在电力市场化背景下，售电行业开始历经第 9 个年头，已经逐渐呈现潮水退去后专业化发展的局面。2021 年发改价格〔2021〕1439 号文，把工商业用户全部推入市场，为售电市场注入了新鲜血液，充分发挥市场在资源配置中的决定性作用。在电力市场化交易规模大幅扩大的同时，电力交易的种类越来越丰富，交易频次也随之增加，电力价格形成机制愈发灵活，对售电公司的交易能力和风险防控水平都提出了更高要求。售电公司之间已经由售电改革初期的价格战转变为电量争夺战，售电市场竞争进入争夺用电大户的白热化阶段。

激烈的市场竞争让售电公司仅靠吃价差难以为继，也倒逼市场走向拼技术、拼专业、拼服务的可持续发展道路。目前，售电公司主要有三种发展方向：第一种是打造技术型售电公司。充分发挥人才优势，集结气象、财务、金融、数学、电力等多专业人才互相配合，把用户需求侧管理和精准预测中长期和现货市场价格走势相结合，制定用户个性化价格套餐，提高用户负荷曲线管理能力，精准提高公司营利点。第二种是开展绿电交易。在"双碳"目标背景下，绿电交易进一步放开，部分出口性质的电力用户和具有绿色发展理念的新型行业愈发重视电力使用过程中的"绿色属性"，也进一步对售电公司绿电获取能力提出了新的要

求。售电公司在批发市场中，如何合理搭配火电电量与新能源电量的比例，新能源电量中如何分配普通新能源和绿电的比例，是售电公司在未来几年中需要深入考量和分析的一个侧重点。第三种是开展综合能源服务。电力作为现代能源的终端载体，在售电市场的深入发展中，售电公司必然最终涉及将不同供能系统集成互补，提高能源系统整体利用效率。随着能源转型提速和电力体制改革的不断深入，能源、电力、用户三者之间的关系变得越来越紧密。加快推进能源互联网企业建设，开展满足多元化能源生产与消费需求的综合能源服务将势在必行。

附录

附表 1　售电侧市场化改革政策文件整理

时间	发布机关	文件名称	内容凝练
2015 年 3 月	中共中央 / 国务院	《关于进一步深化电力体制改革的若干意见》（电改 9 号文）	有序向社会资本放开配售电业务，理顺市场化电价形成机制，构建公平开放的电力交易市场
2015 年 4 月	国家发展和改革委员会	《关于贯彻中发 9 号文件精神加快推进输配电价改革的通知》（发改价格〔2015〕742 号）	把输配电价与发售电价在形成机制上分开，扩大输配电价改革试点范围，推进发电侧和售电侧电价市场化
2015 年 11 月	国家发展和改革委员会 / 国家能源局	《关于印发电力体制改革配套文件的通知》（发改经体〔2015〕2752 号）	与售电侧相关的附件及内容如下： （1）《关于推进输配电价改革的实施意见》：贯彻"管住中间"的改革方针，为电网企业确立核定收入方法，明确输配电价政府核定原则； （2）《关于推进电力市场建设的实施意见》：规定了电力市场交易的主体、交易规则、交易模式、交易优先位序以及促进可再生能源电力消纳的相关制度； （3）《关于电力交易机构组建和规范运行的实施意见》：确立了电力交易机构的组织形式、股权结构以及市场主体管理模式； （4）《关于有序放开发用电计划的实施意见》：逐步放开发用电计划，坚持绿电优先；

时间	发布机关	文件名称	内容凝练
2015 年 11 月	国家发展和改革委员会 / 国家能源局	《关于印发电力体制改革配套文件的通知》（发改经体〔2015〕2752 号）	（5）《关于推进售电侧改革的实施意见》：明确规定售电侧市场主体类型及其准入与退出条件、市场交易模式、市场主体信用体系建设与风险防范机制
2016 年 10 月	国家发展和改革委员会 / 国家能源局	关于印发《售电公司准入与退出管理办法》和《有序放开配电网业务管理办法》的通知（发改经体〔2016〕2120 号）	（1）《售电公司准入与退出管理办法》：该办法对售电公司准入条件、准入程序、权利与义务、退出方式以及售电公司信用体系作出规定；（2）《有序放开配电网业务管理办法》：该办法规定了配电公司从事售电业务的门槛、核算方式以及售电业务开展服务模式
2016 年 12 月	国家能源局	《关于对拥有配电网运营权的售电公司颁发管理电力业务许可证（供电类）有关事项的通知》（国能资质〔2016〕353 号）	明确拥有配电网运营权的售电公司许可证颁发条件、程序、信息披露以及持证企业监督与管理等规定
2016 年 12 月	国家发展和改革委员会 / 国家能源局	《关于印发电力中长期交易基本规则（暂行）的通知》（发改能源〔2016〕2784 号）	该规则明确规定了电力中长期市场成员及其权利和义务、不同用户参与不同交易的准入与退出条件、程序，市场交易品种、周期和方式、交易组织、交易形式，电量偏差处理，并强调禁止政府对电价的不正当干预
2017 年 3 月	国家发展和改革委员会 / 国家能源局	《关于有序放开发用电计划的通知》（发改运行〔2017〕294 号）	逐年减少既有燃煤发电企业计划电量；规范和完善市场化交易电量价格调整机制；有序放开跨省跨区送受电计划；认真制订优先发电计划；采取切实措施落实优先发电、优先购电制度

时间	发布机关	文件名称	内容凝练
2017年8月	国家发展和改革委员会／国家能源局	《关于开展电力现货市场建设试点工作的通知》（发改办能源〔2017〕1453号）	试点地区应加快制定现货市场方案和运营规则、建设技术支持系统，2018年底前启动电力现货市场试运行
2018年5月	国家能源局	关于印发《用户"获得电力"优质服务情况重点综合监管工作方案》的通知（国能发监管〔2018〕41号）	（1）确保用户"获得电力"便利水平明显提升；（2）研究制定小微企业办电全部实现低压接入、"零上门、零审批、零投资"等服务举措；（3）在全行业用电报装工作中推行"互联网＋"技术应用，创新供电服务方式，提升供电服务便利化水平等
2018年7月	国家发展和改革委员会／国家能源局	《关于积极推进电力市场化交易进一步完善交易机制的通知》（发改运行〔2018〕1027号）	文件规定了完善电力交易市场的九大措施，如培育多元化发电、售电、配电主体，完善电力市场交易规则，加强政府行政监管及信用体系建设
2018年7月	国家发展和改革委员会	《关于利用扩大跨省区电力交易规模等措施降低一般工商业电价有关事项的通知》（发改价格〔2018〕1053号）	该文件规定了推动降低一般工商业电价的相关举措，如扩大跨省跨区电力交易规模、降低国家重大水利工程建设基金征收标准、督促自备电厂承担政策性交叉补贴等。
2018年8月	国家发展和改革委员会／国家能源局	《关于推进电力交易机构规范化建设的通知》（发改经体〔2018〕1246号）	该文件规定了电力交易机构股份制改造的多元制衡原则，市场管理委员会组建及作用，以及其他规范电力交易机构运行的措施

时间	发布机关	文件名称	内容凝练
2018年8月	国家能源局	《关于健全完善电力现货市场建设试点工作机制的通知》（国能综通法改〔2018〕164号）	（1）建立协调联系机制； （2）加快推动试点工作； （3）建立信息报送机制； （4）加强工作协调配合
2018年11月	国家发展和改革委员会/国家能源局	《关于印发电力市场运营系统现货交易和现货结算功能指南（试行）的通知》（发改办能源〔2018〕1518号）	该文件规定了分散式、集中式电力市场运营系统现货交易功能指南，以及电力市场运营系统现货结算功能指南
2019年4月	国家能源局	《关于明确涉电力领域失信联合惩戒对象名单管理有关工作的通知》（国能综通资质〔2019〕33号）	文件规定市场主体的违法违规行为属于较重失信行为的，应列入重点关注名单；属于严重失信行为的，应列入"黑名单"
2019年5月	国家发展和改革委员会/国家能源局	《建立健全可再生能源电力消纳保障机制的通知》（发改能源〔2019〕807号）	文件规定了各市场主体在可再生能源电力消纳中应当承担的责任，并按省级行政区域确定权重
2020年1月	国家电网公司	《关于全面深化改革奋力攻坚突破的意见》（国家电网公司2020年1号文件）	意见规定：创新"两网融合"业务发展体系，推进集团管理体制变革，积极推动全国统一电力市场建设，提升服务客户能力和水平

时间	发布机关	文件名称	内容凝练
2020年2月	国家发展和改革委员会／国家能源局	《关于推进电力交易机构独立规范运行的实施意见的通知》（发改体改〔2020〕234号）	明确三步走战略，第一阶段2020年底前，进一步优化区域性交易机构和省（自治区、直辖市）交易机构的股权结构、交易规则有效衔接。第二阶段到2022年底前，进一步规范完善市场框架、交易规则、交易品种等。第三阶段到2025年底前，基本建成高效协同、全国统一的电力交易组织体系
2020年2月	国家发展和改革委员会	《关于明确阶段性降低用电成本政策落实相关事项的函》	规定高耗能行业范围为：石油、煤炭及其他燃料加工业，化学原料和化学制品制造业，非金属矿物制品业，黑色金属冶炼和压延加工业，有色金属冶炼和压延加工业，电力、热力生产和供应业
2020年3月	国家发展和改革委员会／国家能源局	《关于做好电力现货市场试点连续试结算相关工作的通知》（发改办能源规〔2020〕245号）	文件强调电力现货市场价格信号对电力生产、消费的引导作用，电力现货市场与中长期市场的衔接关系，对市场运营机构和技术支持系统开发方提出中立性要求，为推动试点地区做好不间断连续试运行相关准备
2020年4月	国家能源局	《关于做好电力业务资质许可告知承诺制试点相关工作的通知》	* 选取上海市、湖北省、浙江省、海南自由贸易试验区、深圳社会主义先行示范区，开展电力业务许可、承装（修、试）电力设施许可告知承诺制试点相关工作

续表

时间	发布机关	文件名称	内容凝练
2020 年 6 月	国家发展和改革委员会 / 国家能源局	《关于印发电力中长期交易基本规则的通知》（发改能源规〔2020〕889 号）	重点对中长期电力交易市场准入退出、价格机制、市场监管和风险防控等方面进行补充、完善和深化，丰富了交易周期、交易品种和交易方式，优化了交易组织形式，提高了交易的灵活性和流动性，增强中长期交易的收益稳定性、规避风险性
2021 年 4 月	国家发展和改革委员会 / 国家能源局	《关于进一步做好电力现货市场建设点工作的通知》（发改办体改〔2021〕339 号）	文件规定推动新能源参与电力市场，推动第一批现货试点地区进入不间断结算试运行，并选择上海、江苏、安徽、辽宁、河南、湖北等 6 省市为第二批电力现货试点
2021 年 8 月	国家能源局	《关于印发全面推行电力业务资质许可告知承诺制实施方案的通知》（国能发资质〔2021〕37 号）	电力业务资质管理工作涉及的电力业务许可证及承装（修、试）电力设施许可证核发改革方式为"实行告知承诺"，初步实现了压缩电力业务办证时限、"减证便民"、优化电力业务营商环境的目标
2021 年 8 月	国家发展和改革委员会 / 国家能源局	《关于绿色电力交易试点工作方案的复函》（发改体改〔2021〕1260 号）	（1）首次明晰绿色电力产品与绿色电力交易的定义：绿色电力产品初期为风电和光伏发电企业上网电量，条件成熟时扩大至符合条件的水电，而绿色电力交易则是以这类电力产品为标的物，开展的中长期交易；（2）强调绿色电力交易的优先原则：绿色电力交易优先于其他优先发电计划和市场化交易结算；（3）规范绿色电力产品交易方式等
	国家发展和改革委员会 / 国家能源局 / 国家电网 / 南方电网	《绿色电力交易试点工作方案》	

时间	发布机关	文件名称	内容凝练
2021年10月	国家发展和改革委员会	《关于进一步深化燃煤发电上网电价市场化改革的通知》(发改价格〔2021〕1439号)	取消工商业目录销售电价。扩大交易价格浮动比例,引入电网代理购电机制,推动工商业用户全部进入市场
2021年11月	国家发展和改革委员会/国家能源局	《关于印发售电公司管理办法的通知》(发改体改规〔2021〕1595号)	替代《售电公司准入与退出管理办法》:(1)防范零售市场交易风险:在没有大幅改变售电公司准入条件的前提下,提出将履约保函保险作为售电公司的财务履约保障,在售电公司拒绝履行服务用户的义务时,可由财务能力强的承保单位履行财务义务;(2)售电公司信用要求:要求其法定代表人及主要股东具有良好的财务状况。同时要求其董事、监事、高管等无失信被执行记录;(3)提高注册条件要求:增加工商注册信息和统一社会信用代码两项资料,并对每种注册资料提出详细要求;(4)抑制售电经营垄断优势:要求电网企业所属售电公司,独立法人资格,独立运营,而且要确保电业务从人员、财务、办公地点、信息等方面与其他业务隔离,不得通过交易机构、调度机构、电网企业获得售电竞争方面的合同商务信息以及超过其他售电公司的优势权利

续表

时间	发布机关	文件名称	内容凝练
2021 年 11 月	国家电网有限公司	《省间电力现货交易规则（试行）》	规则明确了电力现货交易市场的定位：适应可再生能源发电和电网负荷需求动态变化特点，促进省间电能余缺互济。明确了电力现货交易市场范围及交易品种
2022 年 1 月	国家发展和改革委员会 / 国家能源局	《关于加快建设全国统一电力市场体系的指导意见》（发改体改〔2022〕118 号）	文件明确了全国统一电力市场体系建设目标，健全多层次统一电力市场体系，完善统一电力市场体系的功能，健全统一电力市场体系的交易机制，加强电力统筹规划和科学监管，构建适应新型电力系统的市场机制
	国家发展和改革委员会 / 工业和信息化部 / 住房和城乡建设部 / 商务部 / 市场监管总局 / 国管局 / 中直管理局	《关于印发促进绿色消费实施方案的通知》（发改就业〔2022〕107 号）	（1）大力推进绿色交通、绿色家电等消费； （2）高耗能企业需采购最低比例可再生能源电力
2022 年 1 月	南方区域各电力交易中心	《南方区域绿色电力交易规则（试行）》	该规则明确规定了绿色电力交易的售电主体、购电主体、输电主体的具体条件，并明确了绿色电力交易的交易方式以及绿电价格形成机制：能量价格 + 环境溢价，能量价格按保障电站收益为原则定价，环境溢价为绿色电力成交价格减去电力用户所在省区绿电基准电价或竞争性配置所形成电价的差值（*南方区域是指广东、广西、云南、贵州、海南等五省区）

时间	发布机关	文件名称	内容凝练
2022 年 4 月	中共中央 / 国务院	《关于加快建设全国统一大市场的意见》	建设全国统一、多层次电力市场体系，并适时组建全国电力交易中心
2022 年 4 月	国家发展和改革委员会 / 工业和信息化部 / 财政部 / 人民银行	《关于做好 2022 年降成本重点工作的通知》（发改运行〔2022〕672 号）	文件规定进一步清理并规范涉企收费，对涉及国计民生的基础性产业实行保供稳价
2022 年 6 月	国家发展和改革委员会 / 工业和信息化部 / 财政部 / 市场监管总局	《关于印发涉企违规收费专项整治行动方案的通知》（发改价格〔2022〕964 号）	加强价格监管，重点整治非电网直供电环节不合理加价、违规加价等问题，查处重复分摊收费、未落实电价收费公示制度、清退已收取的不合理费用
2022 年 11 月	国家能源局南方监管局	《关于加强南方区域清洁能源消纳监管的通知》	（1）加强对清洁能源消纳监测预警情况的监管：建立健全清洁能源消纳形势分析研判机制、及时发布清洁能源消纳预警信息；（2）加强对清洁能源科学调度、公平调度的监管：合理安排清洁能源消纳发电调度计划、坚持公平调度原则、明确特殊运行方式期间或紧急情况下清洁能源调控原则；（3）加强对清洁能源跨省（区）消纳情况监管：平开放省（区）电力市场、规范清洁能源跨省（区）应急调度；（4）加强对清洁能源消纳信息披露和规范统计情况的监管：清洁能源弃电限发信息披露工作、加强清洁能源运行信息披露统一管理、规范统计清洁能源消纳利用情况

续表

时间	发布机关	文件名称	内容凝练
2022年12月	国家发展和改革委员会、国家能源局	《关于做好2023年电力中长期合同签订履约工作的通知》（发改运行〔2022〕1861号）	（1）确保市场主体高比例签约； （2）强化分时段签约； （3）优化跨省区中长期交易机制； （4）完善市场价格形成机制； （5）建立健全中长期合同灵活调整机制； （6）强化中长期合同履约和监管； （7）强化保障措施
2023年4月	国家能源局	《电力行业公共信用综合评价标准（试行）》	电力行业公共信用综合评价指标，以表格化方式对各指标进行详细解释，一级指标包括经营状况、发展创新、守信激励、司法裁决、行业监管、商务诚信，反映市场主体遵守法定义务、履行约定义务的信用状况
2023年5月	国家能源局	《关于开展电力系统调节性电源建设运营综合监管工作的通知》	为加快规划建设新型能源体系对各电网企业、各发电企业、相关储能企业、各电力调度机构和电力交易机构就关于调节性电源落实国家有关规划政策的情况、关于调节性电源及资源实际调用及能力发挥的情况、关于调节性电源及资源参与电力市场交易的情况、关于调节性电源及资源落实国家有关价格政策的情况进行全面摸排和监管
2023年7月	国家发展和改革委员会、财政部、国家能源局	《关于做好可再生能源绿色电力证书全覆盖工作促进可再生能源电力消费的通知》	主要内容包括明确绿证的适用范围、规范绿证核发、完善绿证交易、有序做好绿证应用工作、鼓励绿色电力消费、严格防范、严厉查处弄虚作假行为

续表

时间	发布机关	文件名称	内容凝练
2023 年 9 月	国家发展和改革委员会、国家能源局	《电力现货市场基本规则（试行）》	主要规范电力现货市场的建设与运营，包括现货市场建设路径、机制设计、运营要求等内容
2023 年 12 月	国家发展和改革委员会、国家能源局	《电能质量管理办法》	主要提出了电能质量管理的内涵，明确了电能质量管理的组织和职责，建立了电能质量信息管理和监督管理制度
2024 年 2 月	国家发展和改革委员会、国家能源局	《供电营业规则》	该《规则》是《电力法》《电力供应与使用条例》重要的配套规章，是应用最为广泛、使用频率最高的规章制度之一。与 1996 年《规则》相比，修订后的《规则》删除了按指标供电和用电等明显不适应社会主义市场经济和社会发展要求的有关内容；删除了供电工程贴费等已明确取消的供电企业垄断性服务收费项目有关内容；修改供用电合同变更、解除要求等与现行法律法规不一致或相抵触的有关内容；调整了部分因政策变化、标准细化、职责调整等原因导致不符合工作实际的有关内容；增加了新建居住区居民住宅户表配置要求、充电基础设施建设等进一步保障电力用户，特别是居民用户用电权益的内容
2024 年 2 月	国家发展和改革委员会、国家能源局	《全额保障性收购可再生能源电量监管办法》	办法除修改名称外，明确了保障收购范围，包括保障性收购电量和市场交易电量；从保障性收购、市场交易、临时调度三个方面细化电力市场相关成员责任分工等

续表

时间	发布机关	文件名称	内容凝练
2024年4月	国家发展和改革委员会、国家能源局	《供电营业区划分及管理办法》	该办法未整体修订，主要将原《办法》中"供电营业许可证"修改为"电力业务许可证"；明确供电营业区划分及电力业务许可证核发主体、相关工作机制；供电营业区的设立、变更，由国家能源局派出机构依据职责和管理权限，会同省级电力管理部门审查批准后，发电力业务许可证；并根据当前形势及工作实际对部分条款进行修改
2024年4月	国家发展和改革委员会、国家能源局	《电力市场监管办法》	该办法主要修订以下内容：一是进一步明确实施主体为国家能源局及其派出机构；二是完善电力市场监管对象，明确为电力交易主体、电力市场运营机构和提供输配电服务的电网企业等电力市场成员，电力交易主体增加售电企业、储能企业、虚拟电厂、负荷聚合商；三是优化调整监管内容，增加对售电企业、电力用户、储能企业、虚拟电厂、负荷聚合商的监管内容；四是细化电力市场规则管理表述；五是增补监管措施。
2024年4月	国家发展和改革委员会、国家能源局	《电力市场运行基本规则》	该规则主要修订内容：一是修改规章名称；二是调整有关市场范围、运营机构、交易主体表述；三是完善市场成员、市场交易类型相关表述；四是完善电能量、辅助服务交易等定义和交易方式；五是细化风险防控相关要求

信息来源：各政策发文机构网站。

参考文献

[1] 白玫，何爱民. 美国电力市场监管体系与监控机制 [J]. 价格理论与实践，2017（04）：15-19.

[2] 白杨，谢乐，夏清，陈启鑫，钟海旺. 中国推进售电侧市场化的制度设计与建议 [J]. 电力系统自动化，2015，39（14）：1-7.

[3] 卞元超，吴利华，白俊红，杨宇舟. 要素市场扭曲是否抑制了绿色经济增长？[J]. 世界经济文汇，2021（02）：105-119.

[4] 曹阳，徐尔丰，何英静，刘敦楠. 基于 TOPSIS 和 BPNN 的售电公司供电服务质量评价 [J]. 电力系统及其自动化学报，2019，31（06）：113-120.

[5] 陈诗一. 中国的绿色工业革命：基于环境全要素生产率视角的解释（1980—2008)[J]. 经济研究，2010，45（11）：21-34，58.

[6] 陈钊，陈乔伊. 中国企业能源利用效率：异质性、影响因素及政策含义 [J]. 中国工业经济，2019（12）：78-95.

[7] 戴魁早. 技术市场发展对出口技术复杂度的影响及其作用机制 [J]. 中国工业经济，2018（07）：117-135.

[8] 董长贵，蒋艳，李瑜敏. 电价交叉补贴的多维视角：效率、公平、外部性与供给约束 [J]. 中国人口·资源与环境，2022，32（07）：137-150.

[9] 董直庆，王辉.环境规制的"本地—邻地"绿色技术进步效应 [J]. 中国工业经济，2019（01）：100–118.

[10] 樊宇琦，丁涛，孙瑜歌，贺元康，王彩霞，王永庆，陈天恩，刘健.国内外促进可再生能源消纳的电力现货市场发展综述与思考 [J]. 中国电机工程学报，2021，41（05）：1729–1752.

[11] 范丹，孙晓婷.环境规制、绿色技术创新与绿色经济增长 [J]. 中国人口·资源与环境，2020，30（06）：105–115.

[12] 干春晖，郑若谷，余典范.中国产业结构变迁对经济增长和波动的影响 [J]. 经济研究，2011，46（05）：4–16，31.

[13] 高天华，蒲勇健，黄毅祥.售电侧改革后电力市场远期产业组织演化及其对电价的影响研究 [J]. 管理工程学报，2024，38（02）：195–205.

[14] 国务院发展研究中心《进一步化解产能过剩的政策研究》课题组，赵昌文，许召元，袁东，廖博.当前我国产能过剩的特征、风险及对策研究——基于实地调研及微观数据的分析 [J]. 管理世界，2015（04）：1–10.

[15] 郭曼兰，陈皓勇，肖文平，黄钊文，刘丰华，张立荣.计及浮动高峰电价的购售双方优化模型 [J]. 南方电网技术，2021，15（05）：79–88.

[16] 龚钢军，王慧娟，张桐，陈志敏，魏沛芳，苏畅，文亚凤，刘向军.基于区块链的电力现货交易市场研究 [J]. 中国电机工程学报，2018，38（23）：6955–6966，7129.

[17] 郭庆旺，贾俊雪.中国全要素生产率的估算：1979—2004[J]. 经济研究，2005（06）：51–60.

[18] 郭家堂，骆品亮．互联网对中国全要素生产率有促进作用吗？[J]．管理世界，2016（10）：34-49．

[19] 韩峰，李玉双．产业集聚、公共服务供给与城市规模扩张 [J]．经济研究，2019，54（11）：149-164．

[20] 韩永辉，黄亮雄，王贤彬．产业政策推动地方产业结构升级了吗？——基于发展型地方政府的理论解释与实证检验 [J]．经济研究，2017，52（08）：33-48．

[21] 胡鞍钢，郑京海，高宇宁，张宁，许海萍．考虑环境因素的省级技术效率排名（1999—2005)[J]．经济学（季刊），2008（03）：933-960．

[22] 胡军，郭峰，龙硕．通胀惯性、通胀预期与我国通货膨胀的空间特征——基于空间动态面板模型 [J]．经济学（季刊），2014，13（01）：57-80．

[23] 胡求光，周宇飞．开发区产业集聚的环境效应：加剧污染还是促进治理？[J]．中国人口·资源与环境，2020，30（10）：64-72．

[24] 黄毅祥．售电侧放开后电力市场垄断与竞争的寡头博弈研究 [J]．西南大学学报（自然科学版），2021，43（05）：142-151．

[25] 黄毅祥，蒲勇健．售电侧改革、市场主体变化与电价红利：基于讨价还价博弈 [J]．管理工程学报，2020，34（03）：74-82．

[26] 黄毅祥，余沙，蒲勇健．电价改革与发电企业经理人行为：基于多目标委托代理模型 [J]．中国管理科学，2023，31（06）：174-184．

[27] 洪远鹏．经济理论比较研究 [M]．上海：复旦大学出版社，2010（01）：144-145．

[28] 侯建朝，史丹．中国电力行业碳排放变化的驱动因素研究 [J]．中国工

业经济，2014，（06）：44-56.

[29]　季红.我国电力体制改革的动因及模式比较 [J].改革，2001，（06）：40-48.

[30]　来有为.我国电力体制改革面临问题及其监管体系催生 [J].改革，2012，（03）：49-58.

[31]　刘强，马彦瑞，徐生霞.数字经济发展是否提高了中国绿色经济效率？[J].中国人口·资源与环境，2022，32（03）：72-85.

[32]　李斌，彭星，欧阳铭珂.环境规制、绿色全要素生产率与中国工业发展方式转变——基于 36 个工业行业数据的实证研究 [J].中国工业经济，2013，（04）：56-68.

[33]　李虹，王帅，李晨光，陈挺.电价调整对宏观经济及产业结构的影响 [J].资源科学，2022，44（01）：156-168.

[34]　李江龙，徐斌."诅咒"还是"福音"：资源丰裕程度如何影响中国绿色经济增长？[J].经济研究，2018，53（09）：151-167.

[35]　李敬，陈澍，万广华，等.中国区域经济增长的空间关联及其解释——基于网络分析方法 [J].经济研究，2014，49（11）：4-16.

[36]　李俊生，姚东旻.财政学需要什么样的理论基础？——兼评市场失灵理论的"失灵"[J].经济研究，2018，53（09）：20-36.

[37]　李玲，陶锋.中国制造业最优环境规制强度的选择——基于绿色全要素生产率的视角 [J].中国工业经济，2012，（05）：70-82.

[38]　李林威，赵喆，刘帮成."放管服"背景下我国电力体制改革成效评估及优化路径研究——基于重庆市 1486 家用电企业电力面板数据分析 [J].公共行政评论，2021，14（05）：140-158，199-200.

[39] 李青原，章尹赛楠.金融开放与资源配置效率——来自外资银行进入中国的证据 [J].中国工业经济，2021，（05）：95–113.

[40] 李荣杰，李娜，阎晓.电力市场一体化对地区绿色经济效率的影响机制 [J].资源科学，2022，44（03）：523–535.

[41] 李延军，史笑迎，李海月.京津冀区域金融集聚对经济增长的空间溢出效应研究 [J].经济与管理，2018，32（01）：21–26.

[42] 李毅，胡宗义，何冰洋.环境规制影响绿色经济发展的机制与效应分析 [J].中国软科学，2020，（09）：26–38.

[43] 李治国，王杰，王叶薇.经济集聚扩大绿色经济效率差距了吗？——来自黄河流域城市群的经验证据 [J].产业经济研究，2022，（01）：29–42.

[44] 刘敦楠，孟雅儒.考虑非价格因素的售电公司竞争力分析 [J].电力系统自动化，2017，41（23）：53–60.

[45] 刘秋华，何晓敏，冯奕，陈洁.售电侧放开模式下售电商定价方法研究——基于贝叶斯博弈模型分析与应用 [J].价格理论与实践，2018，（07）：115–118.

[46] 刘瑞丰，祁小芳，贺元康，陈天恩，罗璇，张雯.中国西北地区电力市场和清洁能源交易运营绩效分析 [J].中国电力，2022，55（01）：159–167.

[47] 刘强，马彦瑞，徐生霞.数字经济发展是否提高了中国绿色经济效率？ [J].中国人口·资源与环境，2022，32（03）：72–85.

[48] 刘自敏，朱朋虎，杨丹，冯永晟.交叉补贴、工业电力降费与碳价格机制设计 [J].经济学（季刊），2020，19（02）：709–730.

[49] 龙小宁，朱艳丽，蔡伟贤，李少民.基于空间计量模型的中国县级政府间税收竞争的实证分析[J].经济研究，2014，49（08）：41-53.

[50] 林伯强，谭睿鹏.中国经济集聚与绿色经济效率[J].经济研究，2019，54（02）：119-132.

[51] 马丽，张博.中国省际电力流动空间格局及其演变特征[J].自然资源学报，2019，34（02）：348-358.

[52] 潘雄锋，彭晓雪，李斌.市场扭曲、技术进步与能源效率：基于省际异质性的政策选择[J].世界经济，2017，40（01）：91-115.

[53] 裴莹莹，王晓，张型芳，吕连宏.电力行业能耗和污染物排放特征及节能减排的影响因素分析[J].生态经济，2016，32（12）：146-149，154.

[54] 蒲雷，谭忠富，王秀慧，等.电价交叉补贴取消对中国社会经济的影响：区域视角对比分析[J].中国软科学，2022，（11）：92-101.

[55] 钱争鸣，刘晓晨.中国绿色经济效率的区域差异与影响因素分析[J].中国人口·资源与环境，2013，23（07）：104-109.

[56] 任洪波，吴琼，刘家明.耦合区域售电服务的分布式能源产消者经济优化与能效评估[J].中国电机工程学报，2018，38（13）：3756-3766，4017.

[57] 邵帅，范美婷，杨莉莉.经济结构调整、绿色技术进步与中国低碳转型发展——基于总体技术前沿和空间溢出效应视角的经验考察[J].管理世界，2022，38（02）：46-69，4-10.

[58] 邵帅，李欣，曹建华.中国的城市化推进与雾霾治理[J].经济研究，2019，54（02）：148-165.

[59] 邵朝对，苏丹妮，杨琦．外资进入对东道国本土企业的环境效应：来自中国的证据 [J]．世界经济，2021，44（03）：32-60.

[60] 单豪杰．中国资本存量 K 的再估算：1952 ~ 2006 年 [J]．数量经济技术经济研究，2008，25（10）：17-31.

[61] 沈坤荣，金刚，方娴．环境规制引起了污染就近转移吗？[J]．经济研究，2017，52（05）：44-59.

[62] 沈小波，陈语，林伯强．技术进步和产业结构扭曲对中国能源强度的影响 [J]．经济研究，2021，56（02）：157-173.

[63] 史丹，冯永晟．中国电力需求的动态局部调整模型分析——基于电力需求特殊性的视角 [J]．中国工业经济，2015，（10）：5-20.

[64] 王兵，刘光天．节能减排与中国绿色经济增长——基于全要素生产率的视角 [J]．中国工业经济，2015（05）：57-69.

[65] 王兵，吴延瑞，颜鹏飞．中国区域环境效率与环境全要素生产率增长 [J]．经济研究，2010，45（05）：95-109.

[66] 王金杰，盛玉雪．社会治理与地方公共研发支出——基于空间倍差法的实证研究 [J]．南开经济研究，2020，（01）：199-219.

[67] 王林炎，张粒子，张凡，金东亚．售电公司购售电业务决策与风险评估 [J]．电力系统自动化，2018，42（01）：47-54，143.

[68] 魏丽莉，侯宇琦．数字经济对中国城市绿色发展的影响作用研究 [J]．数量经济技术经济研究，2022，39（08）：60-79.

[69] 温桂芳．市场价格学新论 [M]．北京：中国物价出版社，1995，95-96.

[70] 伍亚，张立．省际工业部门全要素电力能源效率与节电潜力研究 [J].

经济问题探索，2013，（11）：61–67.

[71] 吴朝霞，许越，孙坤．城市集聚效应对绿色技术创新的影响研究——基于中国 232 个地级及以上城市的空间计量分析 [J]. 经济地理，2022，42（10）：25–34，71.

[72] 谢婷婷，刘锦华．绿色信贷如何影响中国绿色经济增长？[J]. 中国人口·资源与环境，2019，29（09）：83–90.

[73] 徐骏，曹学泸．我国电力市场中市场势力的形成及其监管问题研究 [J]. 价格理论与实践，2016，（10）：82–85.

[74] 徐杰彦，卢悦，曲弘，戚巍，苏子云，潘方圆，郝添翼，褚渊．新电改背景下我国电网公司售电服务竞争力分析 [J]. 电力需求侧管理，2020，22（04）：89–93，100.

[75] 徐晓光，樊华，苏应生，郑尊信．中国绿色经济发展水平测度及其影响因素研究 [J]. 数量经济技术经济研究，2021，38（07）：65–82.

[76] 杨素，马莉，武泽辰，廖建辉，张晓萱，范孟华．日本售电侧市场放开的最新进展及启示 [J]. 南方电网技术，2018，12（04）：56–59.

[77] 叶成城．售电侧市场化改革与政府监管——美国得克萨斯州的经验及启示 [J]. 经济社会体制比较，2021，（02）：101–112.

[78] 余泳泽，刘大勇，龚宇．过犹不及事缓则圆：地方经济增长目标约束与全要素生产率 [J]. 管理世界，2019，35（07）：26–42，202.

[79] 曾鸣，刘沆，田立燚，孙天雨，戚巍，李悦悦．开放售电背景下电力客户黏度的综合评价研究 [J]. 技术经济，2020，39（12）：36–42，50.

[80] 谌仁俊，周双双．节能目标政策与区域协调发展：来自中国企业的证据 [J]. 世界经济，2022，45（07）：205–232.

[81] 赵增耀，章小波，沈能.区域协同创新效率的多维溢出效应 [J]. 中国工业经济，2015，（01）：32–44.

[82] 张华.地区间环境规制的策略互动研究——对环境规制非完全执行普遍性的解释 [J]. 中国工业经济，2016，（07）：74–90.

[83] 张红霞，李家琦，李育哲.生产性服务业集聚与城市绿色经济效率——基于动态空间杜宾模型与门槛模型的实证检验 [J]. 华东经济管理，2022，36（12）：75–86.

[84] 张浩然.中国碳排放交易试点的环境、经济、技术效应研究 [D]. 太原理工大学，2021.

[85] 张可，汪东芳，周海燕.地区间环保投入与污染排放的内生策略互动 [J]. 中国工业经济，2016，（02）：68–82.

[86] 张钦，王锡凡，王建学，冯长有，刘林.电力市场下需求响应研究综述 [J]. 电力系统自动化，2008，（03）：97–106.

[87] 张欣炜，林娟.中国技术市场发展的空间格局及影响因素分析 [J]. 科学学研究，2015，33（10）：1471–1478.

[88] 张军，施少华.中国经济全要素生产率变动：1952–1998[J]. 世界经济文汇，2003，（02）：17–24.

[89] 张馨瑜，陈启鑫，葛睿，赵兴泉，李鸣镝，邹鹏.考虑灵活块交易的电力现货市场出清模型 [J]. 电力系统自动化，2017，41（24）：35–41.

[90] 张昕竹，冯永晟，阙光辉.输配电网分离的定量研究 [J]. 中国工业经济，2010，（02）：47–57.

[91] 张晓萱，薛松，杨素，屠俊明，魏哲，马莉.售电侧市场放开国际经

验及其启示 [J]. 电力系统自动化，2016，40（09）：1-8.

[92] 张学良 . 中国交通基础设施促进了区域经济增长吗？——兼论交通基础设施的空间溢出效应 [J]. 中国社会科学，2012，（03）：60-77，206.

[93] 郑思齐，万广华，孙伟增，罗党论 . 公众诉求与城市环境治理 [J]. 管理世界，2013，（06）：72-84.

[94] 郑世林 . 中国电力体制改革与电网企业生产率 [J]. 产业经济评论，2021，（03）：5-18.

[95] 周杰琦，徐国祥 . 全球化对绿色经济增长是"诅咒"还是"福音"？——基于要素市场扭曲视角的分析 [J]. 财贸研究，2020，31（08）：14-27.

[96] 周明，严宇，丁琪，武昭原，贺宜恒，龙苏岩 . 国外典型电力市场交易结算机制及对中国的启示 [J]. 电力系统自动化，2017，41（20）：1-8，150.

[97] Abreu M M , Groot H L F D , Florax R J G M .Space and Growth: A Survey of Empirical Evidence and Methods[J].SSRN Electronic Journal, 2004, 21(21):13-44.

[98] Akerlof G A. The Market for Lemons: Quality Uncertainty and the Market Mechanism[M]//Uncertainty in Economics. Academic Press, 1978: 235-251.

[99] Anselin L, Bera A K, Florax R, et al. Simple diagnostic tests for spatial dependence[J]. Regional science and urban economics, 1996, 26(1): 77-104.

[100] Andersen P, Petersen N C. A Procedure for Ranking Efficient Units in Data Envelopment Analysis[J]. Management Science, 1993, 39(10): 1261-1264.

[101] Bator F M. The Anatomy of Market Failure[J]. The Quarterly Journal of Economics, 1958, 72(3): 351–379.

[102] Bavaud F. Models for spatial weights: a systematic look[J]. Geographical analysis, 1998, 30(2): 153–171.

[103] Bertrand, M. How Much Should We Trust Differences–in–Differences Estimates[J]. Risk Management and Insurance Review, 2004, 119(1): 173–199.

[104] Borenstein S, Holland S. On the Efficiency of Competitive Electricity Markets with Time–Invariant Retail Prices[J]. RAND Journal of Economics, 2005, 36(3): 469–493.

[105] Brown D P, Tsai C H, Woo C K, et al. Residential Electricity Pricing in Texas's Competitive Retail Market[J]. Energy Economics, 2020, 92: 104953.

[106] Cheong T S, Li V J, Shi X. Regional Disparity and Convergence of Electricity Consumption in China: A Distribution Dynamics Approach[J]. China Economic Review, 2019, 58: 101154.

[107] Dai X, Cheng L. Market Distortions and Aggregate Productivity: Evidence from Chinese Energy Enterprises[J]. Energy Policy, 2016, 95: 304–313.

[108] Dubé J, Legros D, Thériault M, et al. A spatial difference–in–differences estimator to evaluate the effect of change in public mass transit systems on house prices[J]. Transportation Research Part B: Methodological, 2014, 64: 24–40.

[109] Elhorst J P. Matlab software for spatial panels[J]. International Regional Science Review, 2014, 37(3): 389–405.

[110] Gao Hang, Van Biesebroeck Johannes.Effects of Deregulation and Vertical Unbundling on the Performance of China's Electricity Generation Sector.[J]. The Journal of industrial economics,2014,62(1):41–76.

[111] Goldsmith R W. A perpetual inventory of national wealth[M].Studies in Income and Wealth, Volume 14. NBER, 1951: 5–73.

[112] Jacobson, L. S., R. J. LaLonde, and D. G. Sullivan. Earnings Losses of Displaced Workers[J]. The American Economic Review, 1993: 685–709.

[113] Jia R, Shao S, Yang L. High–Speed Rail and CO_2 Emissions in Urban China: A Spatial Difference–in–Differences Approach[J]. Energy Economics, 2021, 99: 105271.

[114] Johnsen T A, Olsen O J. Regulated and Unregulated Nordic Retail Prices[J]. Energy Policy, 2011, 39(6): 3337–3345.

[115] Joskow P, Tirole J. Retail Electricity Competition[J]. The RAND Journal of Economics, 2006, 37(4): 799–815.

[116] Joskow P, Tirole J. Reliability and Competitive Electricity Markets[J]. The RAND Journal of Economics, 2007, 38(1): 60–84.

[117] Keynes J M. The General Theory of Employment[J]. The Quarterly Journal of Economics, 1937, 51(2): 209–223.

[118] Konisky D M. Regulatory Competition and Environmental Enforcement: Is There a Race to the Bottom?[J]. American Journal of Political Science, 2007, 51(4): 853–872.

[119] LeSage J, Pace R K. Introduction to Spatial Econometrics[M]. Chapman and Hall/CRC, 2009.

[120] LeSage J P, Fischer M M. Estimates of the Impact of Static and Dynamic Knowledge Spillovers on Regional Factor Productivity[J]. International Regional Science Review, 2012, 35(1): 103–127.

[121] Lee L, Yu J. A Spatial Dynamic Panel Data Model with Both Time and Individual Fixed Effects[J]. Econometric Theory, 2010, 26(2): 564–597.

[122] Lyu Y, Wang W, Wu Y, et al. How Does Digital Economy Affect Green Total Factor Productivity? Evidence from China[J]. Science of The Total Environment, 2023, 857: 159428.

[123] Ma D, Zhu Q. Innovation in Emerging Economies: Research on the Digital Economy Driving High–Quality Green Development[J]. Journal of Business Research, 2022, 145: 801–813.

[124] Matsukawa I .Detecting collusion in retail electricity markets: Results from Japan for 2005 to 2010[J].Utilities Policy,2019,(57):16–23.

[125] Ming Meng,Sarah Mander,Xiaoli Zhao,Dongxiao Niu.Have market–oriented reforms improved the electricity generation efficiency of China's thermal power industry? An empirical analysis[J].Energy,2016,734–741.

[126] Mulder M, Willems B. The Dutch Retail Electricity Market[J]. Energy policy, 2019, 127: 228–239.

[127] Nagayama H. Electric Power Sector Reform Liberalization Models and Electric Power Prices in Developing Countries: An Empirical Analysis Using International Panel Data[J]. Energy Economics, 2009, 31(3): 463–472.

[128] Ndebele Tom,Marsh Dan, Scarpa Riccardo.Consumer switching in retail electricity markets: Is price all that matters?[J].Energy Economics,2018,88–103.

[129] Paul H. L. Nillesen,Michael G. Pollitt .Ownership Unbundling in Electricity Distribution: Empirical Evidence from New Zealand[J].Review of Industrial Organization,2011,38(1):61–93.

[130] Petersen M A. Estimating Standard Errors in Finance Panel Data Sets: Comparing Approaches[J]. Review of Financial Studies, 2009, 22(01): 435–480.

[131] Puller S L, West J. Efficient Retail Pricing in Electricity and Natural Gas Markets[J]. American Economic Review, 2013, 103(3): 350–55.

[132] Ren W, Zhong Y, Meligrana J, et al. Urbanization, Land Use, and Water Quality in Shanghai: 1947–1996[J]. Environment International, 2003, 29(5): 649–659.

[133] Rubin D B. Bayesian inference for causal effects: The role of randomization[J]. The Annals of statistics, 1978: 34–58.

[134] Samuelson P A. The Pure Theory of Public Expenditure[J]. The Review of Economics and Statistics, 1954: 387–389.

[135] Shiltz D J, Cvetković M, Annaswamy A M. An integrated dynamic market mechanism for real–time markets and frequency regulation[J]. IEEE Transactions on Sustainable Energy, 2015, 7(2): 875–885.

[136] Shao S, Yang L, Gan C, et al. Using an extended LMDI model to explore techno–economic drivers of energy–related industrial CO_2 emission changes: A case study for Shanghai (China)[J]. Renewable and Sustainable Energy Reviews, 2016, 55: 516–536.

[137] Smith A. An Inquiry Into the Nature and Causes of the Wealth of Nations.[M]. T. Nelson and Sons, 1887.

[138]   Solow R M. Technical change and the aggregate production function[J]. The review of Economics and Statistics, 1957: 312–320.

[139]   Sunak Y, Madlener R. The impact of wind farm visibility on property values: A spatial difference–in–differences analysis[J]. Energy Economics, 2016, 55: 79–91.

[140]   Tian Sheng Allan Loi,Gautam Jindal.Electricity market deregulation in Singapore – Initial assessment of wholesale prices[J].Energy Policy, 2019, (127):1–10.

[141]   Tomaso Duso,Florian Szücs.Market power and heterogeneous pass–through in German electricity retail[J].European Economic Review, 2017, (98):354–372.

[142]   Tone K. A slacks–based measure of efficiency in data envelopment analysis[J]. European journal of operational research, 2001, 130(3): 498–509.

[143]   Tone K, Tsutsui M. An epsilon–based measure of efficiency in DEA–a third pole of technical efficiency[J]. European Journal of Operational Research, 2010, 207(3): 1554–1563.

[144]   Tong L, Jabbour C J C, Najam H, et al. Role of Environmental Regulations, Green Finance, and Investment in Green Technologies in Green Total Factor Productivity: Empirical Evidence from Asian Region[J]. Journal of Cleaner Production, 2022, 380: 134930.

[145]   Tsai C H, Tsai Y L. Competitive Retail Electricity Market Under Continuous Price Regulation[J]. Energy Policy, 2018, 114: 274–287.

[146]   Verhoef E T, Nijkamp P. Externalities in Urban Sustainability: Environmental

Versus Localization–Type Agglomeration Externalities in a General Spatial Equilibrium Model of a Single–Sector Monocentric Industrial city[J]. Ecological Economics, 2002, 40(2): 157–179.

[147]　Vlachos A G, Biskas P N. Adjustable profile blocks with spatial relations in the day–ahead electricity market[J]. IEEE Transactions on Power Systems, 2013, 28(4): 4578–4587.

[148]　Wang Jiexin,Wang Song.The effect of electricity market reform on energy efficiency in China[J].Energy Policy,2023,181

[149]　Wu H, Guo H, Zhang B, et al. Westward Movement of New Polluting Firms in China: Pollution Reduction Mandates and Location Choice[J]. Journal of Comparative Economics, 2017, 45(1): 119–138.

[150]　Zichao Yu.Beyond the state/market dichotomy: Institutional innovations in China's electricity industry reform[J].Journal of Environmental Management, 2020, 264(C):110306.